Raymond Chamard

Libres paroles

Raymond Chamard

Libres paroles
Brèves méditations bibliques

Éditions Croix du Salut

Impressum / Mentions légales
Bibliografische Information der Deutschen Nationalbibliothek: Die Deutsche Nationalbibliothek verzeichnet diese Publikation in der Deutschen Nationalbibliografie; detaillierte bibliografische Daten sind im Internet über http://dnb.d-nb.de abrufbar.
Alle in diesem Buch genannten Marken und Produktnamen unterliegen warenzeichen-, marken- oder patentrechtlichem Schutz bzw. sind Warenzeichen oder eingetragene Warenzeichen der jeweiligen Inhaber. Die Wiedergabe von Marken, Produktnamen, Gebrauchsnamen, Handelsnamen, Warenbezeichnungen u.s.w. in diesem Werk berechtigt auch ohne besondere Kennzeichnung nicht zu der Annahme, dass solche Namen im Sinne der Warenzeichen- und Markenschutzgesetzgebung als frei zu betrachten wären und daher von jedermann benutzt werden dürften.

Information bibliographique publiée par la Deutsche Nationalbibliothek: La Deutsche Nationalbibliothek inscrit cette publication à la Deutsche Nationalbibliografie; des données bibliographiques détaillées sont disponibles sur internet à l'adresse http://dnb.d-nb.de.
Toutes marques et noms de produits mentionnés dans ce livre demeurent sous la protection des marques, des marques déposées et des brevets, et sont des marques ou des marques déposées de leurs détenteurs respectifs. L'utilisation des marques, noms de produits, noms communs, noms commerciaux, descriptions de produits, etc, même sans qu'ils soient mentionnés de façon particulière dans ce livre ne signifie en aucune façon que ces noms peuvent être utilisés sans restriction à l'égard de la législation pour la protection des marques et des marques déposées et pourraient donc être utilisés par quiconque.

Coverbild / Photo de couverture: www.ingimage.com

Verlag / Editeur:
Éditions Croix du Salut
ist ein Imprint der / est une marque déposée de
AV Akademikerverlag GmbH & Co. KG
Heinrich-Böcking-Str. 6-8, 66121 Saarbrücken, Deutschland / Allemagne
Email: info@editions-croix.com

Herstellung: siehe letzte Seite /
Impression: voir la dernière page
ISBN: 978-3-8416-9831-5

Copyright / Droit d'auteur © 2012 AV Akademikerverlag GmbH & Co. KG
Alle Rechte vorbehalten. / Tous droits réservés. Saarbrücken 2012

MÉDITATIONS

Raymond Chamard

Table des Matières

Esaïe 9 : 5..6
   On l'appellera « Conseiller Merveilleux »...6
Esaïe 9 : 5..8
   On l'appellera « Dieu Fort » 8
Esaïe 9 : 5..10
   On l'appellera « Père pour toujours » 10
Esaïe 9 : 5..12
   On l'appellera « Prince de la paix » 12
Esaïe 12 : 1-2...14
   Eternel, tu m'as consolé..14
Matthieu 14 : 1 à 12...17
   La mort du précurseur..17
Matthieu 23: 13 à 15..19
   Malheur, malheur … !...19
Matthieu 23 : 16 à 24...21
   Conducteurs aveugles...21
Matthieu 24 : 29 à 35...23
   Nous attendons quelqu'un..23
Matthieu 25 : 1 à 13...25
   Un mariage, ça se prépare !..25
Matthieu 25 : 14 à 30...27
   N'enterrons pas notre talent...27
Matthieu 28 : 16 à 20...29
   Les quatre « TOUT » de Jésus..29
MARC 3 : 22 à 30..32
   Le blasphème contre l'Esprit..32
MARC 3 : 31 à 35..34
   La mère et les frères de Jésus...34
MARC 4 : 21 à 25..36
   La parabole de la lampe..36
MARC 4 : 26 à 34..38
   La semence qui croît automatiquement...38
MARC 4 : 35 à 41..41
   La tempête apaisée..41
Marc 14 : 12-16 ; 22-26...43
   Le dernier repas..43
MARC 16 : 18 à 18..45
   L'envoi en mission..45
Luc 10 : 1 à 9...48
   La mission des 70...48
Luc 12 : 13 à 21...51
   Le riche insensé...51
Luc 12 : 39 à 48...54
   La vigilance...54

Luc 12 : 54 à 59	57
Distinguer ce temps-ci !	57
Luc 13 : 1 à 9	60
Appel à la repentance et parabole du figuier stérile	60
Luc 17 : 1 à 6	63
Scandales, pardon, foi	63
Luc 17 : 7 à 10	65
Chacun à sa place	65
Luc 17 : 11 à 19	67
Un sur dix	67
Luc 17 : 20-25	69
Amateur de spectaculaire, s'abstenir!	69
Luc 17 : 26 à 37	71
L'eau et le feu	71
Luc 18 : 1 à 8	73
Le pot de terre contre le pot de fer	73
Jean 6 : 69	76
A qui irions-nous ?	76
Jean 10 : 18	78
Jésus dit : « Personne ne me prend la vie»	78
Jean 15 : 1 à 8	80
Le cep et les sarments	80
Jean 15 : 9 à 17	82
« Vous êtes mes amis ! »	82
Jean 15 : 15	84
Vous êtes mes amis	84
Jean 15 : 26-27 et 16 : 12-15	86
La venue du Consolateur	86
Jean 17 : 11 b à 19	88
La prière de Jésus pour les siens	88
Romains 8 : 34	91
Jésus est à la droite de Dieu et il prie pour nous	91
Hébreux 4 : 15	93
Tenté comme nous	93
Psaume 94 : 12	95
Heureux l'homme que tu corriges, ô Eternel	95

Esaïe 9 : 5

On l'appellera « Conseiller Merveilleux »

Plus de sept siècles avant la venue de Jésus, son apparition avait été annoncée par le prophète Esaïe qui avait prédit qu'un enfant naîtrait pour devenir le libérateur du peuple. Esaïe attribue quatre noms particuliers au Messie, dont le premier est celui de « *Conseiller merveilleux* », signifiant par là que l'une des fonctions du Messie-Jésus serait de guider les siens par des paroles avisées et pleines de sagesse.

Notre époque manifeste le triomphe de la fonction de conseiller. Tous les puissants, les chefs d'état, de gouvernement s'entourent d'une multitude de conseillers dans tous les domaines. Même les journalistes, tous médias confondus, ressentent le besoin d'avoir à leurs côtés quelqu'un qui puisse les éclairer de leurs compétences reconnues. On donne à ce type de personnage un nom nouveau : *consultant,* mais au-delà de l'appellation, la fonction est la même. Ce qu'on demande à un consultant-conseiller, c'est d'abord d'avoir de l'expérience. Le consultant doit être un ancien professionnel, et si possible, une célébrité susceptible de doper l'audience. Il faut de plus que le consultant fasse preuve de sagesse, d'esprit d'à propos, de qualités pédagogiques qui permettent à celui qui n'y connaît rien de comprendre ce qui se déroule sous ses yeux. Oui, dans notre société-du-spectacle, vive le consultant !

Mais sur le plan de nos vies, qui niera que nous avons tous besoin de conseils et de conseillers pour effectuer les multiples choix, pour prendre les innombrables décisions que requiert une vie humaine ? Malheur à celui ou celle qui est seul et qui manque de conseil et de conseiller.

Jésus se propose à nous pour nous communiquer ses conseils pour que notre vie soit bien orientée et que nous prenions les bonnes décisions. Il sait de quoi il s'agit car il a vécu une vie humaine en tous points semblable à la nôtre, excepté le péché. Qui plus est, il nous propose ses services gratuitement, ce qui est loin d'être le cas des conseillers politiques, sociaux ou sportifs.

<u>Que je ne me prive pas d'un tel conseiller !</u>

Esaïe 9 : 5

On l'appellera « Dieu Fort »

Le deuxième nom que le prophète Esaïe donne au Messie, qui paraîtra dans la personne de Jésus, est celui de Dieu Fort, que l'on pourrait traduire par « *Dieu Héros, Dieu Vaillant* ». Le mot qui est employé dans le texte hébraïque désigne celui qui a une conduite valeureuse, celui qui se montre particulièrement vaillant dans le combat militaire.

Jésus ne vient pas faire la guerre matériellement, mais il est bien le héros envoyé par Dieu, pour remporter une victoire d'ordre spirituel.

De tout temps, l'humanité a eu besoin de héros, sans doute pour exorciser le sentiment de faiblesse de l'homme en même temps que pour permettre à chacun de s'identifier à quelqu'un d'exceptionnel afin de se dépasser soi-même. Au fond, nous rêvons tous d'être Superman ou Superwoman ! Aujourd'hui, littérature, cinéma, musique moderne, bande dessinée nous présentent de multiples héros, sans parler des héros virtuels des jeux vidéo. Certains sont tirés de la réalité, d'autres ne sont que le fruit de l'imagination d'auteurs inventifs. Dans la plupart des cas, le héros prend l'allure d'un sauveur, soit d'un groupe particulier soit de l'humanité toute entière. Même un anti-héros à la sauce moderne est quelqu'un d'exceptionnel.

Ce qui étonne dans le cas de Jésus, c'est qu'il s'agit d'un héros venu dans la plus grande simplicité, le plus grand dénuement. Il a accompli des miracles extraordinaires pendant sa vie, mais cette dernière semble s'être terminée par un échec : il est mort crucifié sur

le mont Golgotha. Seuls ceux et celles qui croyaient en lui ont eu le privilège de le voir et de l'entendre, le toucher même, après qu'il se soit relevé d'entre les morts. Jésus, le héros de Dieu, est mort sur la croix pour sauver l'humanité, mais il n'est pas resté dans la tombe. Il est vivant encore aujourd'hui, par son Esprit, Dieu-Héros qui est venu pour nous sauver, vous et moi.

Esaïe 9 : 5

On l'appellera « Père pour toujours »

On est surpris qu'Esaïe donne pour nom à un enfant qui doit naître celui de « père ». Mais la mission que le Messie va remplir sur terre n'est pas sans rapport avec la paternité telle que nous l'expérimentons humainement. Qu'on en juge.

Le père humain est celui qui transmet la vie. C'est ce que Jésus fait par le Saint-Esprit en produisant dans notre cœur la régénération, une nouvelle naissance non pas physique mais spirituelle ; une naissance d'en-haut, une naissance aux choses de Dieu, orientée vers l'obéissance au Seigneur.

Un père humain a la charge de l'éducation de ses enfants. C'est lui qui est appelé à transmettre les principes qui lui semblent justes, les valeurs qui lui paraissent essentielles pour la vie de ses bien-aimés. Jésus remplit également ce rôle d'éducateur sur le plan de notre esprit.

Par la Bible, il nous instruit et nous communique les principes et les valeurs que Dieu veut nous voir pratiquer, au premier rang desquels se situent la foi, l'espérance et l'amour.

Le père humain se doit de pourvoir aux besoins fondamentaux de ses enfants. N'est-ce pas ce que Jésus fait pour ceux et celles qui se confient en lui par la foi en se présentant sous les traits du bon berger, celui qui prend soin de ses brebis et qui les protège du danger ?

Enfin, un père humain est quelqu'un qui transmet l'héritage, le patrimoine. L'héritage que Jésus nous réserve de la part de Dieu et par le Saint-Esprit est la vie pour l'éternité. Quel patrimoine unique et irremplaçable, dépassant toutes les espérances humaines.

<u>Bien souvent, l'homme ressemble, dans son désarroi, à un enfant sans père. Je suis invité à saisir la main de Jésus qui m'est donné par Dieu comme mon Père-pour-toujours.</u>

Esaïe 9 : 5

On l'appellera « Prince de la paix »

Le dernier terme que le prophète Esaïe attribue au Messie-Jésus est en rapport avec le shalom, la paix.

La paix, permanente aspiration, éternelle espérance de l'être humain jamais réalisée complètement jusqu'à aujourd'hui. Sur le plan de la vie du monde, le siècle passé a été marqué très profondément par les deux guerres mondiales, établissant le triste record, en nombre de victimes, de tous les siècles. Depuis, l'homme déploie des efforts immenses pour limiter le recours à la violence et la force. Il y a incontestablement des avancées, mais force est de constater que la paix reste fragile sur notre planète. Celle-ci a besoin d'un véritable Prince de la paix.

En ce qui concerne la vie intérieure de l'être humain, la paix reste fragile également. C'est bien souvent à coups de techniques spécifiques ou de médicaments que l'homme moderne arrive à préserver un semblant de calme, de paix intérieure. Par nature, le cœur de l'homme est porté à la crainte, l'inquiétude, l'égoïsme et l'agressivité. Là se trouve la source de tout conflit.

Jésus est venu pour donner la paix au cœur humain. « Je vous donne la paix, je vous laisse ma paix », disait-il à ses disciples. Il a pris sur lui tous nos motifs de crainte, d'inquiétude, d'agressivité. Il a pris sur lui notre égoïsme invétéré. Il désire nous communiquer sa paix, une paix réelle, authentique, profonde.

Quand on lit les évangiles, on est saisi par la paix qui régnait dans l'esprit de Jésus, par la maîtrise de soi qui était la sienne. C'est cette même paix qu'il communique par le Saint Esprit à tous ceux et toutes celles qui s'approchent de lui par la foi. Et quand Jésus reviendra, il établira enfin un règne de paix pour l'éternité. Pour l'heure, recevons la paix de Jésus pour devenir nous-mêmes des ouvriers de paix.

Esaïe 12 : 1-2

Eternel, tu m'as consolé

Toutes les délivrances que Dieu accorde ont des traits communs ; elles s'appellent et se complètent : toutes se produisent au moment de la détresse, toutes proviennent d'une puissance surhumaine, et toutes provoquent l'étonnement, la joie, l'action de grâce et la confiance.

Le passage miraculeux de la Mer Rouge fut célébré par un magnifique cantique accompagné par des instruments de musique. La mise en déroute, par un ange, de l'armée de Senchérib provoque aussi une explosion de joie et de gratitude de la part du peuple d'Israël dont le prophète se fait ici le porte-parole. Le peuple avait été rebelle et idolâtre et il avait irrité l'Eternel. Mais dans sa colère, Dieu se souvient d'avoir compassion. Lorsque son peuple est méprisé et menacé à cause de sa foi par un roi orgueilleux et vaniteux, Dieu apparaît pour le délivrer. Et cette délivrance est si éclatante qu'Israël en est tout abasourdi et ne sait comment exprimer sa reconnaissance et sa joie.

Mais le prophète voit dans cette délivrance si grande le symbole d'une bénédiction plus extraordinaire encore et d'une délivrance infiniment plus glorieuse : celle que viendra accomplir le Messie, non seulement pour Israël, mais pour toute l'humanité. La rédemption que le serviteur de l'Eternel opérera constitue la rédemption par excellence, dont toutes les autres procèdent. C'est quand le Messie se sera offert en sacrifice pour le péché et aura délivré l'Israël selon l'Esprit de la condamnation que le cantique du prophète trouvera sa véritable application. Sous l'alliance de grâce, toute personne pardonnée peut s'approprier l'hymne d'adoration et d'allégresse du prophète. Le croyant peut puiser avec joie et sans retenue aux sources du salut en Jésus-Christ.

Puissions-nous connaître dans notre expérience personnelle tout ce qu'il y a de profond et d'intime dans le sentiment du pardon de Dieu et de la certitude de son salut.

Matthieu 14 : 1 à 12

La mort du précurseur

On trouve dans ce récit rapportant la mort de Jean Baptiste tous les ingrédients de la tragi-comédie de l'histoire humaine, ce qui en ferait un excellent sujet pour une nouvelle série télé. Enumérons-les pêle-mêle : politique, morale, interdit, amour, sensualité, jalousie, vengeance, mort. Et comme souvent dans l'histoire, celui qui fait les frais de la turpitude des puissants, c'est le juste : Jean, le précurseur de Jésus le Messie.

Celui-ci s'est montré fidèle à sa vocation d'être le témoin de la vérité, en rappelant à Hérode les exigences morales de la loi de Dieu. Etre un politique puissant ne place pas au-dessus de la loi et ne rend pas toutes choses permises. Jean a payé sa fidélité de son emprisonnement, et finalement de sa mort. Mais on peut se poser la question : qui est le plus libre des deux : Jean derrière ses barreaux, ou Hérode engagé dans une relation conjugale illégitime ? Poser la question, c'est y répondre. Hérode le faible finalement, pris dans les liens du pouvoir et de ses propres instincts, qui va laisser tomber Jean Baptiste pour tomber dans les rets d'une femme en quête de vengeance.

Car la cause de la mort de Jean, c'est cette haine vindicative d'Hérodiade qui n'a pas supporté que le prophète dénonce son union interdite avec Hérode. Elle va trouver les moyens, par l'intermédiaire de sa fille, d'assouvir sa haine implacable contre l'homme de Dieu.

Histoire peu édifiante ; histoire choquante et même révoltante où l'on voit les passions humaines les plus basses s'imposer à la vérité et à la morale. L'exemple n'est pas isolé dans l'histoire du monde, malheureusement !

Est-ce à dire que le mal est appelé à triompher à la fin de l'histoire ? Il nous faut élargir la perspective et considérer la justice de Dieu sur le long terme et au-delà de cette vie terrestre. La révélation biblique nous affirme que la victoire finale revient à Dieu et à son Fils Jésus-Christ, victoire de la vérité et de l'amour. C'est notre espérance et notre certitude.

Jésus lui-même a été mis à mort injustement, et c'est cette injustice humaine qui, paradoxalement, accomplit la justice de Dieu et rend possible le triomphe final du crucifié-ressuscité. Il y a de l'espoir !

Matthieu 23: 13 à 15

Malheur, malheur ... !

Jésus ne nous a pas habitués à ce langage si radical, si dur, si violent. Quand on pense à son enseignement nous vient plutôt en mémoire le langage doux et encourageant des béatitudes : « heureux les pauvres, heureux les doux, heureux ceux qui pleurent ... Ici, le Seigneur emprunte le langage et le style des prophètes d'Israël fait de dénonciation, d'imprécation, allant même jusqu'à la malédiction : malheur, malheur, malheur ... et cela ne laisse pas de nous surprendre !

C'est que Jésus ne peut supporter la fausse spiritualité, la piété devenue spectacle, la perversion du véritable culte qui doit être rendu à Dieu et à Dieu seul. En tant que responsables religieux de l'époque, les pharisiens et les scribes avaient un devoir de vérité, d'exemplarité et de charité auquel ils se dérobaient constamment, pris au piège de leur système. Jésus résumera leur attitude générale en un mot, celui d'hypocrisie.

Certes ils faisaient preuve d'un zèle remarquable, d'un activisme louable, mais pour mieux entrainer dans leurs erreurs les personnes qui se ralliaient à leur cause. Sans compter qu'ils avaient perdu le sens des priorités dans le culte, laissant transparaître leur cupidité : l'or plus important que le temple, l'offrande plus importante que l'autel. Les véritables valeurs spirituelles étaient reléguées au second rang.

Si le Seigneur se montre si sévère envers ces notables, pourtant si admirés du peuple en leur temps, c'est sans doute que leurs travers ne leur sont pas uniquement réservés et que l'avertissement solennel qu'il leur adresse a valeur universelle. Il y a dans le dévoiement de leur vocation une tendance, un danger, une tentation qui ne leur sont pas spécifiques mais qui peuvent toucher tout être humain dans sa vie religieuse : dire et ne pas faire, ou dire et faire le contraire de ce que l'on dit ; vouloir montrer aux autres avec orgueil combien on est consacré dans notre piété ; ne pas vivre ce que l'on croit et mettre les autres et Dieu à notre service au lieu d'en être les serviteurs avec amour.

Tout le contraire de l'attitude de Jésus, et de ce que Dieu demande dans sa Parole à ceux et celles qui croient en lui. C'est pourquoi Jésus se montre si sévère. Il faut dénoncer, détruire, arracher les fausses valeurs avant de pouvoir affirmer, construire et planter les valeurs qui sont celles du royaume de Dieu.

Matthieu 23 : 16 à 24

Conducteurs aveugles

Jésus continue dans sa charge contre les pharisiens, et on peut dire qu'il cogne fort ! On peut remarquer qu'un bon nombre de ses reproches sont en lien avec les questions d'argent, que ce soit pour l'offrande, l'or du temple, la dîme, ou ... la maison des veuves. Les pharisiens avaient un véritable problème dans ce domaine. Comme quoi spiritualité et cupidité ne peuvent jamais faire bon ménage.

Jésus attaque encore les pharisiens en employant cette expression qui constitue un oxymore, une contradiction dans les termes : « conducteurs aveugles ». Comment conduire quand on est atteint de cécité ? Imaginez une personne non voyante au volant d'une voiture prise dans le trafic d'une grande ville ou sur une autoroute ; le pire est à craindre en termes d'accident ! Il en va de même dans le domaine religieux : un responsable qui ne connaît pas la lumière de Dieu ne peut conduire ses fidèles. La catastrophe est prévisible et inévitable pour lui et ceux qui lui sont confiés.

Les pharisiens avaient l'apparence de la spiritualité mais ils n'avaient pas l'attitude intérieure correspondant à la connaissance personnelle de Dieu. Ils pratiquaient extérieurement la loi, mais leur cœur était éloigné de Dieu. Donner la dîme, dit jésus, c'est bien, mais il y a plus important : pratiquer le droit, la miséricorde et la fidélité. Ces valeurs non matérielles sont essentielles ; elles doivent constituer le terreau sur lequel viennent s'enraciner les bonnes œuvres pratiques. La foi avant les œuvres ; la foi comme condition préalable des bonnes actions ; la foi du cœur avant la dîme ; la dîme comme expression de la foi.

Et cela passe par un nécessaire travail de purification, de nettoyage spirituel et moral du cœur humain. La priorité pour tout être humain, et a fortiori pour un responsable religieux chrétien, c'est un cœur lavé de la souillure du péché, par le sang du Christ versé à la croix.

L'image employée par Jésus est claire et tirée du quotidien : il ne viendrait à l'esprit de personne de servir un bon repas dans un plat sale, non lavé ! C'est une évidence. La leçon est limpide sur le plan spirituel : c'est uniquement avec un cœur purifié que je peux servir le bon repas de la foi et de l'amour aux autres et au Seigneur.

Matthieu 24 : 29 à 35

Nous attendons quelqu'un

Selon certains, il paraîtrait que nous vivons actuellement la dernière année de l'histoire de l'humanité, la fin du monde étant programmée pour le 21 décembre 2012 selon un fameux calendrier maya qui ne va pas au-delà de cette date. Libre à chacun d'y croire ou non, mais Jésus ne nous dit rien de cela. Il nous invite simplement à faire preuve de vigilance spirituelle constante, étant donné que « personne ne connaît ni le jour ni l'heure » de la venue du Fils de l'homme.

Tout le monde est en attente plus ou moins consciemment de cet évènement qui mettra fin à l'histoire de l'humanité. Mais cette attente n'a pas la même nature selon que l'on croit en Dieu où que l'on n'y croit pas.

Les non croyants attendent la fin du monde. Celle-ci viendra soit du fait que le soleil s'éteindra, ou que les ressources de la terre seront totalement épuisées, ou qu'un cataclysme universel viendra frapper notre planète, provoqué soit par des bouleversements cosmiques ou par une explosion nucléaire. Les écologistes nous informent chaque jour de la précarité de notre planète et sa fin programmée. Ce genre d'attente ne peut manquer de générer dans l'esprit des uns et des autres la crainte, l'inquiétude, la peur du lendemain et de l'apocalypse annoncée.

Il en va tout autrement pour ceux qui croient en Dieu par Jésus-Christ. Eux aussi sont dans l'attente, mais cette attente n'est pas celle d'un évènement avant tout, la fin du monde, mais l'attente de quelqu'un, le Seigneur Jésus revenant sur terre selon sa promesse. Même si ce retour s'opère simultanément avec la fin de ce monde-ci, la perspective est radicalement différente, marquée par l'espérance et la confiance. Jésus a annoncé qu'il reviendrait pour prendre les siens avec lui pour établir une nouvelle terre où la justice habitera.

Ainsi, celui ou celle qui possède cette espérance dans son cœur soupire après cet accomplissement et ne vit pas dans la peur, mais l'attente positive et le service de Dieu et des autres. C'est le message de l'Eglise face à l'avenir et toutes les spéculations eschatologiques : « nous n'attendons pas quelque chose, nous attendons quelqu'un, notre Seigneur Jésus-Christ ».

Matthieu 25 : 1 à 13

Un mariage, ça se prépare !

Cette parabole de Jésus concernant le temps de son retour contient à la fois un formidable encouragement et un avertissement des plus solennels.

L'encouragement nous est fourni par le genre d'évènement choisi par Jésus pour donner enseignement au sujet de sa venue : il emploie l'allégorie du mariage, des noces, ce qui figure parmi les circonstances les plus positives, les plus heureuses, les plus joyeuses que l'on peut connaître sur terre. Le fils de l'homme ne vient pas pour la tristesse, le jeûne, le deuil ; il vient pour les réjouissances, l'allégresse, en un mot : la fête.

L'avertissement que nous sommes appelés à recevoir consiste à réaliser que tous ceux et toutes celles qui devraient être en mesure de participer à la fête du mariage et en particulier à accompagner le marié n'entreront pas effectivement dans la salle des noces pour participer aux réjouissances. Sur les dix jeunes filles appelées à accompagner l'époux, seulement cinq, la moitié, entreront réellement dans la salle pour faire partie des convives. La perspective de la porte fermée fait froid dans le dos. Se trouver à l'extérieur, c'est se voir exclu des festivités, privé du banquet, malgré l'habit de noces que l'on peut avoir revêtu pour l'occasion. Et il semble bien que cette porte ne peut plus être ouverte. Tragique pour les cinq jeunes filles !

Ce qui est l'occasion du partage du groupe des dix en deux parties de cinq, c'est le retard du marié. On n'a jamais connu dans aucun mariage humain un retard aussi considérable. Il arrive à minuit, une heure indûe où tout le monde a les paupières lourdes, et l'on comprend bien que toutes les jeunes filles se soient endormies. Mais cinq d'entre elles ont prévu l'imprévisible en se munissant de réserves d'huile pour leurs lampes. Elles ont été prudentes, avisées, prévoyantes. Les cinq autres ont manqué d'esprit de prévision, elles n'ont pas envisagé ce qui pouvait éventuellement arriver, et elles ont été privée de banquet.

Jésus tarde à revenir. Cela fait plus de 2000 ans que l'Eglise l'attend. Ce n'est pas une surprise, il nous a prévenus. Mais il vient, c'est sûr ! Puisse l'huile de notre foi ne pas venir à manquer pendant cette attente, afin que nous ayons l'honneur de pouvoir l'accompagner dans la joie pleine et entière de son avènement glorieux !

Matthieu 25 : 14 à 30

N'enterrons pas notre talent

Cette parabole bien connue de Jésus nous enseigne sur la conduite à tenir pendant le temps que nous vivons actuellement, avant que le Seigneur ne revienne.

Car n'en doutons pas, ce maître qui part au loin, à l'étranger, c'est lui ! Et les serviteurs qui restent sont des façons de décrire l'attitude des chrétiens pendant l'absence de leur maître.

On peut noter tout d'abord la confiance qui est celle du maître envers ses serviteurs. Il leur confie une part de ses biens, à la proportion des capacités de chacun ; il les responsabilise, il se repose sur eux tout comme Dieu nous fait également confiance.

Quels sont ces talents qu'il abandonne à ses serviteurs ? Ce sont des choses qui lui appartiennent en propre, dont il est le propriétaire et non des choses humaines déjà présentes dans la vie des serviteurs. Pour nous, il s'agit de ce qui appartient à Christ, les dons de l'Esprit qu'il nous confie pour les mettre en œuvre et les faire fructifier.

Les 2 premiers serviteurs ont bien compris leur mission. Leur attachement au maître les pousse à agir, à prendre des risques pour faire grandir le « capital » qui leur a été remis. Et ils doublent chacun la part qui leur était échue. Le troisième serviteur se contente d'enterrer le talent, sans agir ni se bouger, pour le rendre intact et sans augmenter la valeur reçue.

Quand le maître revient, il demande des comptes et félicite les deux premiers serviteurs en leur accordant leur récompense. Par contre, il rabroue sévèrement le troisième qui s'est conduit comme un serviteur inutile. Il n'a pas mis à profit le temps de l'absence de son maître pour contribuer à l'enrichissement de ce dernier, et il est brutalement rejeté loin de sa présence.

Cette parabole nous pose la question ; et nous, que faisons-nous pendant l'absence de Jésus ? Le comportement des trois serviteurs est là pour nous interpeller. Est-ce que nous faisons fructifier les valeurs spirituelles que Christ nous a confiées ? Est6ce que nous sommes actifs dans la foi, dans l'Eglise, dans le témoignage et dans le service ? Ou est-ce que nous vivons dans la passivité, en regardant les autres travailler et en nous contentant souvent de les critiquer ?

Le Seigneur, à son retour, nous demandera des comptes au sujet de l'utilisation de ce qu'il nous a donné. Il nous faudra répondre personnellement. Qu'il n'y ait pour nous à ce moment-là ni pleurs ni grincement de dents !

Matthieu 28 : 16 à 20

Les quatre « TOUT » de Jésus

Dernières paroles de Jésus sans l'évangile selon Matthieu avant son ascension, son retour vers le Père. Paroles fortes, paroles exigeantes, paroles rassurantes du Seigneur avant son départ. Alors que l'auditoire des disciples est partagé, certains l'adorent comme Dieu, d'autres ont des doutes, certainement ces paroles vont toucher les uns et les autres et rétablir l'unité du groupe. Les quatre paroles du Christ sont chacune marquées par une dimension de plénitude ; quatre « TOUT » viennent structurer l'ultime message du Seigneur.

- « TOUT POUVOIR » : Jésus affirme que tout pouvoir lui a été donné par son Père, au ciel et sur la terre. Il n'a pas recherché ce pouvoir, il ne l'a pas conquis par la force ; il lui a été remis par Celui qui est le Souverain par excellence. On peut facilement admettre que le Christ exerce tout pouvoir au ciel, mais « sur la terre », c'est plus difficile à observer ! On se souvient que le tentateur avait fait miroiter aux yeux de Jésus la gloire de tous les royaumes du monde en échange de sa soumission. Jésus avait résisté. Il savait que ce pouvoir total, seul le Père céleste pouvait le lui remettre. Et il l'a reçu, après avoir justement renoncé à tout pouvoir en se livrant entre les mains des hommes. Mystérieusement, mais sûrement, le Christ est le Roi des rois et le Seigneur des seigneurs dès à présent et le manifestera lors de son retour. Voilà de quoi changer radicalement notre regard sur l'histoire du monde !

- « TOUTES LES NATIONS » : l'évangile, la bonne nouvelle du salut est pour toutes les nations, sans exception. Le Christ est venu au sein du peuple d'Israël, mais son œuvre de sauveur est universelle. Personne n'est exclu de l'évangélisation. Les disciples et ceux qui leur ont succédé ont réalisé cet ordre de mission du Christ, ce qui rend l'Eglise présente sur tous les continents aujourd'hui. Mais la tâche n'est pas pour autant achevée ; chaque génération de chaque peuple doit pouvoir entendre l'évangile. Dieu est le créateur de toute l'humanité, son salut est pour toute l'humanité !

- « TOUT CE QUE JE VOUS AI PRESCRIT » : Jésus invite les disciples à ne pas faire de choix dans le message à apporter au monde entier. Tout son enseignement doit être présenté, avec fidélité et équilibre. Aussi bien ce qui est gratifiant, comme la proclamation de l'amour de Dieu et de sa grâce, que ce qui est exigeant, comme la nécessité de la conversion et la perspective du jugement à venir. Gare au favoritisme biblique et à la lecture sélective de l'évangile.

- « TOUS LES JOURS » : parole la plus rassurante de toutes de la part de Jésus. « Je suis avec vous tous les jours ». Non pas, je SERAI, mais je SUIS, c'est-à-dire dès à présent, chaque jour, et chaque instant de chaque jour, cela jusqu'à la fin des temps. Perspective présente et illimitée ! Par le saint Esprit, Jésus est présent aujourd'hui encore dans l'Eglise et dans le cœur de chacun, chacune qui se confie en Lui. Nous ne sommes jamais seuls ; c'est aussi un aspect de la bonne nouvelle, propre à nous donner paix et confiance pour avancer sur le chemin de la vie.

Que chacun se saisisse de cette merveilleuse promesse !

MARC 3 : 22 à 30

Le blasphème contre l'Esprit

Tout au long de son ministère, Jésus a connu l'opposition de la part de différentes personnes, et en particulier de la part de certains scribes et responsables religieux des Juifs. Ses faits et gestes ont été constamment épiés et sont tombés sous le jugement de ces censeurs impitoyables.

Ils ne comprennent pas, ils n'ont pas la connaissance de l'origine de la force qui est à l'œuvre en la personne de Jésus et qui lui permet de guérir les malades et d'exorciser les possédés et les démoniaques. Ne croyant pas que Jésus est le Messie, le Sauveur envoyé par Dieu et agissant avec la force de Dieu, c'est-à-dire celle du Saint Esprit, ils l'accusent d'avoir un esprit impur en lui, et de chasser les démons par la puissance même de Satan.

On mesure la profondeur et la gravité de cette accusation. Celui qui se dit envoyé par Dieu serait en fait un suppôt du diable ! On a rarement prononcé de jugement aussi péremptoire, négatif et déconsidérant à l'encontre de Jésus.

Jésus ne se laisse pas démonter par cette accusation. Il n'est pas déstabilisé car il sait d'où il vient et il connaît la puissance spirituelle qui est à l'œuvre en lui. Il ne va pas cherché à défendre sa divinité, mais il va mettre en lumière l'absurdité de leur raisonnement. Il va démonter leur parole par un argument de bon sens, de simple sagesse. Un royaume divisé contre lui-même, une maison divisée contre elle-même, ne peuvent subsister ; au contraire, ils s'autodétruisent ! La division est facteur d'anéantissement. Même Satan dans sa volonté de s'opposer constamment à Dieu, ne peut tomber dans une pareille folie !

L'argumentation de Jésus est irréfutable ; elle s'appuie sur de nombreuses constatations de fait. La réalité le démontre ; combien d'empires humains se sont écroulés à cause de la division de leurs dirigeants ? Combien de maisons, de familles ont connu pareil sort ? La liste serait longue !

Mais pourquoi Jésus ajoute-t-il que seul le blasphème contre le Saint Esprit est impardonnable ? Les opposants à Jésus ont blasphémé en disant que la puissance de Jésus venait du diable et non de Dieu. Pourquoi les autres blasphèmes peuvent-ils être pardonnés ? Il semble que Jésus fasse allusion à l'œuvre spécifique du Saint Esprit dans le cœur de l'homme, qui est d'amener à la repentance et à la foi ? Si on refuse ce travail intérieur du saint Esprit, si on persévère dans l'incrédulité en ne voyant en Jésus que quelqu'un possédé d'un esprit impur, il n'y a pas de pardon possible. Les chefs des Juifs ne se rendent pas compte de leur erreur et de ses conséquences tragiques ; ils sont aveuglés par Satan lui-même !

Ce texte ne nous est pas donné pour nous faire peur. Au contraire, il nous invite à la confiance en Jésus. C'est la puissance de Dieu qui agit en Lui, aujourd'hui encore. Approchons-nous de Lui pour recevoir Son pardon et Sa paix.

MARC 3 : 31 à 35

La mère et les frères de Jésus

On peut trouver l'attitude et les paroles de Jésus un peu sévères envers sa mère et ses frères. Ne manque-t-il pas de respect filial et fraternel en élargissant de la sorte la composition de sa famille à tous ceux et celles qui l'écoutent avec foi ? N'aurait-il pas dû marquer une préférence et une préséance pour sa famille biologique ?

Sans discuter dans cette méditation de la famille humaine de Jésus au sujet de laquelle nos interprétations catholiques et protestantes sont différentes, la question qui nous est posée à tous par ce texte de l'évangile est celle-ci : comment faire partie de la famille de Jésus ? Qui fait partie de la famille de Jésus ?

Si vous me permettez l'expression, le concept de famille que propose Jésus s'apparente à celui d'une famille recomposée. La vraie famille de Jésus n'est pas de nature biologique, ou juridique, ou clanique. Elle est de nature essentiellement spirituelle. C'est le lien à Dieu qui la définit. Quiconque place sa foi en Dieu et pratique la volonté de Dieu appartient à la famille du Christ.
Ainsi, nous pouvons dire que la famille de Jésus n'est pas d'abord définie par les liens du sang, mais par le lien de l'Esprit. L'Esprit de famille qui est celui de la famille de Jésus, c'est le Saint Esprit, celui qui nous unit et nous permet de vivre dans l'amour fraternel. Sans cet esprit, qui nous rend aptes à l'obéissance à la volonté de Dieu, nous ne pouvons faire partie de la famille

du Seigneur.

Pour Jésus, les liens se définissent essentiellement par rapport au Père. Il a toujours, pour sa part, confessé sa filialité par rapport à Dieu. Il a appelé Dieu « mon Père ». De plus, il nous a appris à prier Dieu en nous adressant à Lui comme à notre Père céleste : « Notre Père qui es aux cieux ».

Dans le Nouveau Testament, Jésus est présenté comme le frère de tous les croyants, et les chrétiens sont appelés fils et filles de Dieu. L'Eglise, au sens large du mot, est la famille recomposée du seigneur, unie par l'Esprit Saint !

Avons-nous toujours conscience du privilège qui est le nôtre d'être des fils et filles de Dieu, nous qui sommes si souvent rebelles, incrédules, désobéissants à la voix du Seigneur ? Dans sa grâce, Dieu fait de nous ses enfants d'adoption.
Mais la parole de Jésus se montre aussi d'une grande exigence : sont de sa famille ceux et celles qui mettent en pratique la volonté du Père révélée dans sa parole. Il ne suffit pas d'écouter Dieu, de s'adresser à Lui en lui disant « Seigneur, Seigneur ! » ; il faut encore pratiquer au jour le jour la Parole qui nous est donnée.

Privilège et responsabilité ; les deux vont toujours de pair. Vivons-les dans la reconnaissance et l'obéissance à Celui que Jésus nous permet d'appeler « ABBA, PERE !!! ».

MARC 4 : 21 à 25

La parabole de la lampe

C'est une lapalissade qu'énonce Jésus en disant qu'une lampe est faite pour éclairer ! Mais s'il rappelle cette vérité d'évidence, c'est sans doute qu'il y a lieu de le faire.

Le monde a besoin de lumière, et Jésus est celui qui vient apporter la lumière de Dieu. L'apôtre Jean dira la même chose dans le prologue de son évangile : « la lumière brille dans les ténèbres ». Jésus n'est pas resté caché, il s'est montré, il s'est exposé, il a partagé avec les foules son enseignement, il a montré ses miracles pour étayer sa parole. Il a pu dire à ses disciples : « pendant que je suis dans le monde, je suis la lumière du monde ».

Non seulement il a éclairé le monde par son comportement et son enseignement, mais il a rendu la lumière à ceux qui en étaient privés. Il a rendu la vie à un homme aveugle de naissance. Jésus est celui qui vient éclairer le monde, et qui procure également l'illumination intérieure.

Dans la symbolique biblique, la lumière représente un principe spirituel, celui du bien, de la présence de Dieu, de la vérité, alors que les ténèbres sont assimilés au péché, au mal, à la mort. Cette antithèse lumière/ténèbres parcourt tout le message du Nouveau Testament. La lumière de Jésus est celle de la pureté, de la vérité, du salut qui vient rejoindre l'être humain dans sa situation d'obscurité, de besoin de pardon et d'amour. Jésus est la lampe de Dieu venue éclairer le monde.

La lampe est elle-même bien souvent une image pour désigner la Parole de Dieu. Un des Psaumes contient la phrase suivante : « ta parole est une lampe à mes pieds, une lumière sur mon sentier ». Dans ce sens, la parole de Dieu ne peut pas rester cachée, elle ne doit pas être dissimulée sous le lit ou sous un couvercle quelconque.

Si Jésus a été la lampe de Dieu dans ce monde pendant sa vie terrestre, il a dit à ses disciples qu'ils étaient eux-mêmes, à sa suite, « sel de la terre et lumière du monde ». Qu'ils le veuillent ou non, les chrétiens sont appelés à être lumière du monde, en lien avec leur Seigneur et en communion avec Lui, qui est la véritable lumière. Et en fonction de cela, à vivre le pardon et l'amour, à pratiquer le bien dans un monde où l'obscurité est grande. L'apôtre Paul reprendra la même image et la même exigence en rappelant aux chrétiens qu'ils sont appelés à « briller comme des flambeaux dans le monde, portant la parole de vie ».

Beaucoup de nos contemporains recherchent la lumière spirituelle au milieu de l'obscurité de leur vie. Saurons-nous refléter cette lumière du Christ aux effets bénéfiques, qui les éclairera et les conduira ? Pas besoin pour cela d'être une lumière puissante, elle risquerait d'aveugler plus de d'éclairer ; dans la nuit, la moindre lueur d'une bougie se voit de loin.

La lumière de Dieu est venue jusqu'à nous ; ne la retenons pas captive par crainte, par timidité ou par égoïsme. Nous passerions à côté de notre vocation ! Brillons chacun, chacune, là où Dieu nous a placés.

MARC 4 : 26 à 34

La semence qui croît automatiquement

Cette parabole de Jésus est centrée sur un mystère qui échappe à l'être humain : le mystère de la vie. La vie végétale comme l'évoque directement la métaphore de la parole de l'évangile, et la vie spirituelle selon l'enseignement que veut transmettre le Seigneur. Comme la semence possède en elle-même une puissance de vie, le royaume de Dieu possède en lui-même une dynamique qui échappe à la maîtrise humaine.

Le cultivateur de notre parabole accomplit les gestes qui sont ceux de sa profession : il jette la semence en terre. Il peut encore arroser, enlever les mauvaises herbes, éradiquer les éventuels parasites susceptibles de venir perturber la croissance de la semence. Il peut, et doit faire tout son possible pour favoriser la vie de la semence afin qu'à terme, la moisson soit la meilleure possible ; mais il ne peut en aucun cas faire croître la graine, même en tirant sur la tige pour qu'elle grandisse !

Il y a une programmation inscrite dans la semence et dans la terre qui est de l'ordre de la création et que l'homme ne peut manipuler. « La terre produit D'ELLE-MEME (en grec : AUTOMATIQUEMENT), premièrement l'herbe, puis l'épi, enfin le blé bien formé dans l'épi ».

On entend beaucoup parler aujourd'hui de manipulations génétiques, d'organismes génétiquement modifiés, les fameux OGM contre lesquels se dressent les écologistes. L'homme se livre à toutes sortes de manœuvres pour améliorer (à son avis !!!), les espèces végétales et animales, voire l'être humain lui-même. Mais en aucun cas il ne peut donner la vie, la faire apparaître « ex nihilo », à partir de rien. L'humanité peut transmettre la vie, qui lui a été donnée par Dieu, mais jamais elle ne peut la créer. Dieu seul est créateur de vie.

L'œuvre de Dieu ressemble bien souvent à l'œuvre des hommes ; c'est le sens de bien des paraboles. Les lois physiques, biologiques, s'apparentent jusqu'à un certain point aux lois spirituelles. La croissance spirituelle, l'entrée dans la foi, l'approche personnelle de Dieu, les progrès dans l'amour sont les fruits de l'œuvre du Saint Esprit en nous, requérant bien évidemment notre adhésion et notre engagement. Dieu est le maître de la vie spirituelle comme il l'est de la vie matérielle, même si cette maîtrise se développe en prenant en compte la liberté des hommes et des femmes que nous sommes.
Il ne faut pas mépriser les petits commencements. Au départ, dans la parabole, il y a une graine, petite, isolée, solitaire, faible, jetée en terre. Mais avec le temps, avec les apports nourriciers de la terre, cette graine se transforme jusqu'à devenir une grande plante portant un fruit abondant.

L'histoire de l'Eglise a commencé de manière confidentielle. Un homme, Jésus, avec ses 12 apôtres. Aujourd'hui, cette Eglise est présente sur toute la terre, sur les 5 continents. Quelle progression ! Quelle transformation ! C'est encore plus étonnant qu'un grain de blé ou qu'un grain de moutarde.

Quel encouragement pour nous qui nous sentons souvent si petits et si faibles. Le travail de Dieu en nous et autour de nous peut nous faire grandir dans la foi, l'amour et l'espérance. L'important est que d'autres puissent bénéficier de cette œuvre de Dieu au travers de notre service

et de notre témoignage. Alors, le Royaume de Dieu continuera de grandir !

MARC 4 : 35 à 41

La tempête apaisée

Quel est donc celui-ci ? Beaucoup de contemporains de Jésus l'ayant rencontré se sont posé la même question, confrontés à un homme semblable physiquement à tous les autres hommes, mais doté d'une puissance inaccessible à l'être humain.

Dans cet épisode de la tempête apaisée, on plaint un peu les disciples qui passent d'une crainte à une autre dans une situation finalement toujours inconfortable ! Dans un premier temps, ils ont peur du vent et de la tempête qui menacent leur vie ; ils ont peur de mourir. Et dans un deuxième temps, ils ont peur de Jésus, celui qui a calmé la tempête et les a sauvés de la mort, les assurant d'être sains et saufs. Pas facile à vivre ! Même si la seconde peur prend bien évidemment un caractère moins dramatique que la première.

En donnant des ordres à la mer et au vent, en les pliant à sa volonté, Jésus révèle qu'il n'est pas seulement un homme comme les autres, mais qu'il est également le maître de la nature, en communion avec le Dieu créateur. AUCUN être humain ne peut par sa parole arrêter un vent violent, calmer une mer en furie. Jésus peut le faire, et il le fait, parce qu'il est aussi la Parole par qui tout a été créé, le Dieu créateur qui a toute autorité sur les éléments de la création. Mystère du Dieu incarné ; énigme de Jésus homme et Dieu à la fois.

Ce que Jésus accomplit sur le plan physique dans ce récit, à savoir ramener le calme et la paix, il peut le faire aussi sur le plan des circonstances de notre vie et de sur le plan de notre vie psychologique, intérieure. Jésus, comme il l'a fait pour ses disciples, peut calmer nos peurs. La vie de chacun et chacune d'entre nous connaît bien souvent des moments de turbulences, de tempêtes (tempête de la maladie, de l'accident, du chômage, du divorce, des conflits de toute sorte, tempête du deuil, de la souffrance, de l'échec sous toutes ses formes, etc.). Jésus est à même d'apaiser, de calmer ces situations traumatisantes, et surtout de calmer et d'apaiser nos cœurs au sein de ces circonstances. Il peut le faire aujourd'hui encore. Il est là présent quoiqu'invisible, disponible. Mais comme dans le texte de l'évangile, il ne s'impose pas, il n'intervient pas d'autorité. Il attend qu'on le sollicite, qu'on fasse appel à lui. C'est ce qu'ont fait les disciples prenant conscience du péril qui les guettait. Ils l'ont réveillé. Il nous appartient de « réveiller » Jésus, c'est-à-dire de le solliciter, de le prier d'intervenir dans la situation que nous traversons afin qu'Il ramène le calme et la paix autour de nous et en nous. Jésus ne refuse jamais d'intervenir quand on lui demande sincèrement de le faire. C'est la marque de son amour pour nous.

Marc 14 : 12-16 ; 22-26

Le dernier repas

La Pâque ! le « passage ». Cette fête juive commémorant la libération nationale d'Israël du pays d'Egypte où il était retenu en esclavage. Le souvenir particulier de cette nuit d'horreur au cours de laquelle tous les premiers-nés égyptiens furent mis à mort par l'ange exterminateur, et où ce dernier « passa » par-dessus les maisons des israélites protégés par le sang de l'agneau répandu sur les poteaux et le linteau des portes. Pâque, fête nationale d'Israël ! La liberté retrouvée ; la fin de la servitude.

C'est dans le cadre de cette fête que Jésus vit les derniers jours de son existence terrestre. Il célèbre la fête comme tout fidèle juif, avec foi, avec ferveur. Mais Jésus sait que cette Pâque va être la dernière pour lui, car la mort se profile à l'horizon de Golgotha. Cette fois, c'est lui qui va prendre la place de l'agneau pascal, lui qui va être immolé pour le péché de l'humanité, et dont le sang va désormais protéger tout croyant en lui du jugement du Dieu trois fois saint. Oui, c'est bien d'une nouvelle alliance qu'il s'agit ici, scellée par le sang de Jésus, l'agneau de Dieu. Il ne s'agit plus cette fois de la libération d'un peuple particulier ; par l'œuvre de Jésus, c'est la porte de la liberté pour quiconque croit en lui qui s'ouvre, sans distinction de race, de langue, de culture. Jésus est bien comme l'a dit Jean le baptiste au début de son ministère « *l'agneau de Dieu qui ôte le péché du monde* ».

Quel dommage et quelle pitié que cet ultime repas du Seigneur partagé avec ses disciples soit devenu dans l'histoire de l'Eglise une pomme de discorde pour les chrétiens, selon l'interprétation divergente qu'ils ont pu donner des paroles toutes simples de Jésus « *ceci est mon corps, ceci est mon sang* ». Qu'il nous suffise ce matin en ce temps de prière, de relire ce message avec reconnaissance, avec action de grâce, avec adoration.

En Christ, et en lui seul, je suis libre. Je ne suis plus esclave. Son amour m'a racheté pour que je puisse vivre pour glorifier Dieu, mon créateur et mon Père.

Nourrissons-nous par la foi de la personne et de l'œuvre du sauveur afin de n'être qu'un avec lui, en attendant le repas que nous prendrons tous ensemble avec lui dans le royaume de Dieu.

Telle est notre espérance.

MARC 16 : 18 à 18

L'envoi en mission

Une page se tourne. Après avoir tout accompli pour le salut de l'humanité, Jésus s'apprête à retourner vers son Père. Les disciples n'ont pas pu profiter longtemps des moments partagés avec leur Seigneur ressuscité, voici qu'ils deviennent apôtres, envoyés par le Christ lui-même pour donner la suite appropriée au plan du salut. Non pas que Jésus les quitte complètement. Selon sa promesse, il va leur envoyer le Saint Esprit, cette puissance divine qui leur permettra d'être les témoins du Christ mort et ressuscité. Mais désormais, ils n'auront plus leur maître présent au milieu d'eux ; il sera en eux pour les accompagner et les fortifier spirituellement.

« ALLEZ dans le monde entier ! » ALLEZ. Le premier impératif transmis par Jésus à ses apôtres est fondamental. Il ne s'agit plus d'attendre passivement, de recevoir les autres dans un petit cercle restreint, il faut partir à l'aventure, partir au loin, quitter les sécurités humaines, se mettre en danger pour accomplir l'ordre du Seigneur. Il ne s'agit plus de dire aux autres « VENEZ ! », mais de prendre l'initiative d'aller vers les autres. Cette démarche exige courage, confiance et amour. C'est le mouvement demandé par Jésus, qui a lui-même donné l'exemple en allant vers les autres, dans tous les lieux et toutes les situations. Allez dans le monde entier ; c'est grand le monde ; c'est loin ; c'est dangereux. Il est nécessaire de s'appuyer sur la force de Dieu et sur les promesses données. Sinon, je ne pars pas, je reste chez moi. Et c'est ce que les apôtres ont fait.

La foi chrétienne est par nature communicatrice. Comment garder pour soi seul une aussi bonne nouvelle que celle de l'amour de Dieu et du pardon accompli par Jésus à la croix. Une bonne nouvelle, par nature, se partage.

Le 2ème impératif se réfère justement au caractère expansif de la foi chrétienne : PRECHEZ !!! c'est-à-dire, PARLEZ ! ne soyez pas muets. Ne gardez pas pour vous égoïstement les bonnes choses que Dieu a faites pour toute la création. Que cette parole soit reçue ou refusée, faites-la entendre. Le résultat ne vous appartient pas. Votre responsabilité, c'est de témoigner de l'amour de Dieu manifesté en Jésus-Christ.

Les signes de puissance qui sont mentionnés dans ce passage ne sont pas autres que ceux que Jésus a accomplis lui-même pendant son ministère terrestre. C'est une façon de dire que c'est la même œuvre qui se poursuit, avec ses étapes spécifiques. Dieu poursuit son travail de salut. Après l'accomplissement du cœur du salut par Jésus à la croix, ce sont les apôtres qui sont appelés à prendre le relais pour faire connaître ce salut. Etonnant : Dieu fait confiance à de faibles hommes pour porter sa parole. Comme les apôtres, je puis moi aussi participer à ce partage ici et maintenant, auprès de ceux qui ont besoin de recevoir la bonne nouvelle de Jésus-Christ.

Luc 10 : 1 à 9

La mission des 70

Quand on pense au ministère du Seigneur Jésus sur terre, on a tendance à imaginer un homme seul, exerçant la responsabilité de maître, de « Rabbi » au sein des 12 disciples, et enseignant et guérissant les foules. Pourtant, pendant les trois années grosso-modo de son ministère public, Jésus n'a pas œuvré en solitaire. Il a partagé la tâche, il a délégué sa puissance et ses prérogatives à d'autres. Certes, il y a une chose que seul Jésus pouvait accomplir, et personne d'autre, c'est sa mort sur la croix suivie de sa résurrection, réalités au cœur du salut de l'humanité. Et ça, Il l'a fait ! Mais pour le reste, Jésus n'a pas hésité à prendre le risque d'envoyer ses compagnons en mission, les douze disciples, et dans notre texte de ce jour, les soixante-dix (ou soixante-douze selon certains manuscrits de l'évangile), Luc s'inscrivant dans une perspective plus universaliste que les trois autres évangélistes. Leur mission constitue un prolongement de celle de Jésus : ils sont appelés à faire des miracles (guérir les malades) et à prêcher la venue du Royaume de Dieu. Ils reçoivent pour cela la puissance de Jésus, celle de l'Esprit saint.

Ce constat nous conduit à rappeler que tout comme Jésus n'a pas voulu œuvrer de manière solitaire, Dieu, aujourd'hui encore, s'agissant du témoignage à rendre à l'évangile du salut, veut employer les hommes et les femmes qui croient en Lui, quelles que soient leurs limites, leurs faiblesses et leurs imperfections. Dans le plan de Dieu, il y a de la place pour quiconque veut témoigner de l'amour du Père révélé en son Fils Jésus-Christ. Cette vérité est à la fois réconfortante, encourageante et valorisante pour nous !

Pour autant, la perspective que dépeint le Christ aux soixante-dix ne paraît pas très rassurante au premier abord : « je vous envoie comme des agneaux au milieu des loups ». On connaît tous la fable de La Fontaine « Le loup et l'agneau », et on sait trop bien comment l'histoire se termine ! L'agneau finit dans la gueule du loup, et c'est ce qu'ont connu et connaissent encore les martyrs de l'Eglise. L'image est là, pourtant, et il nous faut la recevoir aujourd'hui encore. La mission des chrétiens et des chrétiennes n'est pas d'utiliser la contrainte, la violence ; de chercher à exploiter ou à prendre l'ascendant sur les autres, de rendre le mal pour le mal, ou le mal pour le bien. Les envoyés du Christ sont appelés à être des hommes et des femmes de paix au milieu de leurs semblables. C'est la paix, le SHALOM de Dieu qu'ils sont appelés à proposer au monde, laissant l'autre libre de recevoir cette paix ou de ne pas la recevoir.

Jésus lui-même avait été présenté par Jean le Baptiste comme « l'agneau de Dieu qui ôte le péché du monde ». Les 70 sont invités par Celui qui les envoie à vivre cette douceur dans la relation aux autres et à témoigner de la paix au travers même de cette douceur.

C'est le temps de la moisson, de la récolte et cette moisson est grande. Elle consiste à rassembler tous ceux et toutes celles qui sont prêts à accueillir la Bonne Nouvelle du Royaume de Dieu. Mais pour faucher et rentrer cette moisson, il faut de nombreux ouvriers. Jésus exhorte les 70 à prier pour que le grand maître de la moisson suscite et envoie des ouvriers. Notons que d'après le texte, il faut à la fois prier Dieu d'envoyer des ouvriers dans sa moisson, mais aussi être prêts à s'engager soi-même, à être soi-même un ouvrier dans cette récolte. Pas de prière facile pour envoyer les autres ! Je suis moi-même envoyé dans la moisson du Seigneur en tant que témoin du Christ mort et ressuscité pour le salut du monde. Le champ de travail est là, à ma portée. A moi d'y entrer et d'y travailler !

Quelqu'un a dit que pour accomplir son plan, Dieu aujourd'hui n'a que deux mains, les nôtres ; il n'a que deux pieds, les nôtres ; et il n'a qu'une bouche, la nôtre. Ce n'est pas complètement faux !

Luc 12 : 13 à 21

Le riche insensé

« La vie d'un homme ne dépend pas de ce qu'il possède ». Le message que Jésus énonce alors qu'il est sollicité pour un partage d'héritage constitue sans doute une vérité permanente, mais comment ne pas y voir un rappel nécessaire et salutaire pour notre société occidentale de début du 21ème siècle qui privilégie de manière quasi-systématique l'aspect économique de la vie humaine.

Cette parabole vient nous redire aujourd'hui que notre vie se situe et trouve son sens dans l'ordre de l'ETRE plutôt que de l'AVOIR. Avoir des richesses, même en grande quantité, ne garantit pas de conserver la vie. C'est ce que l'homme riche de la parabole n'avait pas compris, et Dieu vient lui rappeler que toute vie humaine est entre les mains du créateur et que c'est Lui qui en dispose souverainement. Pourtant, cet homme ne manque pas d'idée, ni d'esprit d'entreprise. D'un point de vue humain, ses plans sont justes, sages et bien échafaudés. Il est malgré cela qualifié d'insensé, de fou, tellement ses perspectives sont égoïstes et centrées sur lui-même. Il a oublié que même sa prospérité ne lui vient pas que de son travail ; c'est aussi la fertilité de sa terre qui l'a enrichi, une chose qu'il ne maîtrise pas mais qui a tourné en sa faveur par le seul bon vouloir de Dieu !

Un économiste de renom, prix Nobel, a écrit récemment un livre au sujet de la crise économique actuelle auquel il a donné le titre « Le triomphe de la cupidité ». Ce titre peut s'appliquer à l'homme de notre parabole. Son problème, c'est la cupidité, c'est-à-dire le fait de vouloir amasser toujours plus de richesses sans en faire profiter les autres, sans les partager avec les autres. Ainsi, son Dieu, c'est l'argent, et il vit dans le culte de cette idole qu'il s'est forgée lui-même. C'est sur ce point que porte l'avertissement clair de Jésus : «Gardez-vous attentivement de toute cupidité ». La richesse en elle-même n'est pas condamnable, ni condamnée ; ce que Jésus dénonce, c'est la cupidité.

Combien nombreux sont les êtres humains vivant aujourd'hui en célébrant le culte de l'argent ! Personne d'entre nous n'est à l'abri de succomber à cette fausse adoration. La mise en garde de Jésus doit être entendue pour que nous ne soyons pas des hommes et des femmes livrés à l'esclavage de l'AVOIR, et de l'AVOIR TOUJOURS PLUS !!!

Mais qu'est-ce que cela veut dire : « être riche pour Dieu », selon l'expression qu'emploie Jésus à la fin de notre passage ? Paradoxalement, je dirais qu'être riche pour Dieu, c'est être riche pour les autres. L'homme de la parabole va devoir abandonner tous ses biens sans pouvoir les transmettre, parce qu'il n'a établi de plan que pour lui-même. Il n'y a sans doute que le fisc qui va en profiter ! Etre riche pour Dieu, c'est s'ouvrir aux autres, vivre dans un esprit de partage, ce qui manque le plus cruellement aujourd'hui. Etre riche véritablement, c'est donner, tellement il est vrai que l'on ne possède vraiment que ce à quoi on est capable de renoncer, que ce que l'on donne aux autres. A défaut d'un tel état d'esprit, c'est nous qui sommes possédés par nos richesses. Etre riche pour Dieu, c'est aussi reconnaître notre dépendance totale de Celui qui nous a créés et ETRE, ETRE en relation avec Lui. Une relation qui est aussi communion d'amour, puisque Dieu est amour.

En réponse à cette parole d'évangile, il nous appartient de nous situer par rapport à ce que dit Jésus. De privilégier l'ETRE et la relation avec l'autre comme Jésus nous en a donné l'exemple, quitte à vivre à contre courant de la mentalité la plus répandue aujourd'hui. Il y va de l'accomplissement de notre vocation d'hommes et de femmes telle que Dieu nous l'indique dans sa Parole.

Luc 12 : 39 à 48

La vigilance

Il est curieux de constater que les hommes sont généralement surpris quand surviennent les grands évènements de l'histoire mondiale, et cela malgré tous les efforts des prévisionnistes et experts de tout poil. Cela a été le cas lors de la chute du communisme et du mur de Berlin, malgré tous les signes avant-coureurs. Cela a également été le cas pour les attentats du 11 septembre 2001 aux USA, malgré les mesures anti-terroristes déjà en vigueur à l'époque. Cela est vrai aussi de la crise financière qui frappe le monde en ce moment, malgré la prétendue clairvoyance des spécialistes économiques de tous les pays.

Jésus évoque la perspective de la venue du Fils de l'homme, c'est-à-dire de SA venue dans les mêmes termes, à savoir sous l'angle de l'effet de surprise dont une des meilleures illustrations est celle de l'irruption d'un voleur dans une maison. « Le Fils de l'Homme viendra à l'heure où vous n'y penserez pas ! ». Il viendra subitement, par surprise, à l'improviste. Plus que sur le caractère imprévisible du plan de Dieu, Jésus met le doigt par sa parole sur la difficulté de l'être humain à rester concentré, à vivre dans une vigilance constante, tant la propension à l'oubli est confondante de la part de l'humain.
Pourtant, le Fils de l'Homme annonce sa venue ! Les uns et les autres, nous sommes prévenus. Mais cela fait si longtemps que l'Eglise attend son retour ; va-t-il enfin finir par apparaître, par se manifester ? L'apôtre Paul attendait la venue du Seigneur de son vivant. Que penserait-il de ce retard immense s'il

vivait aujourd'hui ! Toujours est-il que la promesse demeure : le Seigneur vient. Que faire alors dans cette perspective ? Quelle attitude spécifique adopter en fonction de cette échéance ? De manière étonnante, le Seigneur ne demande rien de bien spécial à ceux qui croient en Lui ; pas de mise en situation particulière, pas de posture liée directement à l'évènement. Simplement un état d'esprit, la vigilance, et la persévérance dans la mise en pratique de la volonté révélée du Père céleste à ses enfants. On ne se met pas en situation pour accueillir le Fils de l'Homme, on fait son travail consciencieusement, on accomplit sa vocation chrétienne, on vit en fils et fille du Seigneur dans la foi, l'amour et l'espérance. C'est cela finalement préparer la venue du Fils de l'Homme. C'est à la fois très simple et très exigeant, car il faut se montrer prêt à accueillir le Seigneur à tout moment, et non se préparer pour un rendez-vous spécial fixé à un moment précis !

La dernière phrase de notre extrait de l'évangile est sévère, mais aussi rassurante : « on demandera beaucoup à qui l'on a beaucoup donné et on exigera davantage de celui à qui l'on a beaucoup confié ». Elle est sévère par rapport à ceux et celles qui sont particulièrement bien informés de la volonté du Seigneur. Elle est moins sévère pour ceux qui vivent dans l'ignorance. Cela veut dire que l'évaluation finale de la vie de chacun par Dieu est juste et que le principe qui s'applique est celui de proportionnalité. Quoi qu'en en dise, Dieu est un Dieu juste qui rendra à chacun en fonction de la lumière et des dons qu'il aura reçu. Nous qui avons entendu cette parole aujourd'hui, nous sommes privilégiés. Donc, à bon entendeur salut !

Quand on parle de la venue du Fils de l'Homme aujourd'hui, on n'est pas trop pris au sérieux, c'est le moins que l'on puisse dire. Mais nous avons une bonne raison de croire que l'évangile dit vrai, mise à part la fiabilité de la parole de Jésus. Sa première venue avait été annoncée

bien des siècles auparavant, et elle a fini par se réaliser. Pourquoi sa seconde venue ne se réaliserait-elle pas alors qu'elle est mentionnée à de nombreuses reprises dans les textes du Nouveau Testament ? Il est donc essentiel de faire preuve de vigilance pour être prêts pour l'accueillir. De plus, c'est dans la gloire qu'Il paraîtra, et non plus dans la pauvreté et l'anonymat. Tout œil le verra et tout genou fléchira devant lui.

Luc 12 : 54 à 59

Distinguer ce temps-ci !

Les progrès de la science météorologique sont constants. On arrive maintenant à prévoir le temps bien des jours à l'avance, voire des semaines, grâce en particulier à l'activité des différents satellites tournoyant au dessus de nos têtes. Mais sans pouvoir prétendre à la même précision et à la même durée dans la prévision, les hommes ont toujours su annoncer de manière empirique le temps qu'il va faire. C'était vrai à l'époque de Jésus déjà, et c'est sur ce sujet que le Seigneur interpelle les foules auxquelles il s'adresse en leur faisant des reproches. Il est tentant de relever la terminologie française pour souligner que Jésus joue sur un mot, le mot TEMPS. Notre langue utilise le même mot pour désigner la réalité météorologique, « le temps qu'il fait », et la réalité chronologique et spirituelle « le temps dans lequel nous vivons ». Jésus rapproche les deux acceptions du mot et joue sur les deux réalités pour reprocher à la foule incrédule de savoir discerner le temps qu'il fait, mais de ne pas distinguer le moment particulier qu'ils sont en train de vivre avec la présence au milieu d'eux du Fils de Dieu qui vient inaugurer le temps du salut, celui du Royaume de Dieu.

De toute évidence, la pluie arrive par l'ouest, du côté de la Méditerranée pour Israël, et quand souffle le vent du sud, on sait qu'il va amener la chaleur. On peut s'étonner que Jésus fasse à ses auditeurs le reproche de ne pas discerner le temps et le moment qu'ils vivent présentement. Après tout, il est plus facile de prévoir les conditions météo en observant le ciel que de discerner la teneur et la qualité spirituelle du moment que l'on est en train de vivre. Mais on n'apprécie pas ces deux choses de la même manière, avec les mêmes organes ! C'est avec la vue avec les yeux que l'on observe la réalité matérielle des nuages dans le ciel. Avec les yeux et avec la peau, on perçoit l'évidence d'un chaud vent du sud. Par contre, c'est avec le cœur et le discernement intérieur que l'on peut apprécier les conditions spirituelles dans lesquelles on évolue. Jésus pointe la cécité spirituelle de ces foules, son cœur endurci qui l'empêche de prendre conscience de la grâce de Dieu présente dans la personne du Fils de l'Homme. Il leur faudrait une perspicacité spirituelle équivalente à leur perspicacité météorologique !

Si Jésus leur adresse ce reproche, c'est qu'il n'était pas impossible de reconnaître le temps de la visite de Dieu au milieu de son peuple. La meilleure preuve est que beaucoup de gens ont reconnu ce moment, répondant d'abord à l'appel à la repentance lancé par Jean Baptiste, puis croyant en Jésus le Messie. Si Jésus les tance en les traitant d'hypocrites, c'est plus dans le sens d'incrédules que de menteurs. S'ils étaient capables de comprendre le temps présent, ils saisiraient également la nature du ministère de Jésus et ils réagiraient de manière adaptée au message qu'il proclame.

L'illustration de la procédure judiciaire dans, son implacable mécanisme, est là pour leur faire comprendre de manière concrète la nécessité d'un changement d'attitude, d'autant plus urgent que le jugement est proche. N'attendez pas le moment du jugement où vous serez justement condamnés ; c'est maintenant qu'il faut faire la paix ; il y a urgence !

Comment adapter ces paroles de Jésus au temps que nous vivons ? Les choses ont-elles radicalement changé depuis ? Peut-être moins

qu'on peut le penser ! Comme les contemporains de Jésus, nous savons discerner de plus en plus et de mieux en mieux le temps météorologique ; mais savons-nous discerner le temps spirituel ? Deux éléments me semblent devoir être pris en compte à ce sujet. Le premier, c'est la perspective d'un temps chronologique qui ne se prolongera pas indéfiniment. On ne cesse de nous répéter que notre planète est fragile et éphémère, avec des ressources de plus en plus limitées. Sans parler de notre existence individuelle qui est elle aussi bien fragile. Le second, c'est l'affirmation par la Parole de Dieu d'un temps spirituel favorable qui, lui non plus, ne durera pas éternellement. « C'est aujourd'hui le temps de la grâce, c'est aujourd'hui le jour du salut ». Le moment est favorable pour faire la paix avec Dieu par la foi en Jésus Christ, mais il ne faut pas attendre pour cela ; c'est aujourd'hui ! Finalement, le message de Jésus n'a pas changé, et l'invitation est la même aujourd'hui qu'au premier siècle.

Luc 13 : 1 à 9

Appel à la repentance et parabole du figuier stérile

La lecture de cette portion d'évangile s'apparente un peu à la lecture du journal avec son lot de mauvaises nouvelles entre massacres politico-religieux et faits divers dramatiques. Notre monde a changé depuis les temps évangéliques, mais la mort provoquée ou accidentelle rôde toujours tout autant. A l'occasion du compte-rendu de ces 2 catastrophes qui lui est fait, Jésus va s'en prendre à la notion très répandue du judaïsme de cette époque relative à la notion de culpabilité, et inviter chacun à suivre une démarche de repentance et de retour à Dieu.

L'opinion communément admise par les Juifs de cette époque voulait que les souffrances accompagnant la mort prématurée de certaines personnes soient proportionnelles à leur degré de culpabilité devant Dieu. Plus on était coupable, plus on était pécheur, et plus on était atteint par la douleur et la calamité. Jésus va prendre le contrepied de cette notion au sujet des 2 tragédies qui lui sont rapportées. Dans la première, quelques pèlerins venus de Galilée pour la Pâque avaient été massacrés dans le Temple par les troupes romaines sous les ordres de Pilate alors qu'ils sacrifiaient les bêtes pour le rituel. Pour Jésus, il semble que leur démarche, pieuse en elle-même, prouve qu'ils n'étaient pas des impies, des pécheurs endurcis. C'est au cours d'un acte religieux que leur sang a été versé avec celui de leurs sacrifices. En toute logique judaïque, des gens religieux, soucieux de s'approcher de Dieu, n'auraient pas dû souffrir de la sorte, connaître une fin aussi horrible. Les faits sont en contradiction avec leur théorie. De même pour la seconde information concernant l'écroulement de la tour de Siloé à Jérusalem sur 18 personnes innocentes frappées, non plus par des causes humaines, mais cette fois par des causes naturelles. Rien ne permet d'affirmer que qu'ils étaient plus pécheurs que les autres pour avoir été frappés de la sorte. Pour Jésus, les catastrophes ne mesurent pas la culpabilité de l'être humain et son besoin de repentance. Ceux qui échappent aux tragédies ont tout autant besoin de revenir à Dieu. Ainsi, Jésus implique ses interlocuteurs. Il n'y a pas d'un côté des justes qui n'ont pas besoin de repentance et, de l'autre, des pécheurs qui ont besoin de se repentir. Tous sont dans la même situation ; tous ont besoin de la grâce de Dieu ; tous ont besoin de revenir à Lui.

Il ne faudrait pas croire que cette attitude cherchant à définir le degré de culpabilité en fonction du malheur rencontré ait disparu aujourd'hui. C'est souvent un réflexe humain. N'entend-on pas souvent cette expression : « mais qu'est-ce que j'ai pu faire au bon Dieu pour qu'il m'arrive cela ? » ou bien « qu'a-t-il fait, qu'a-t-elle fait au bon Dieu pour qu'il lui arrive ce malheur ? ». Non, il faut l'affirmer avec force à la suite de l'apôtre Paul : « il n'y a pas de juste, pas même un seul ; tous ont péché et sont privés de la gloire de Dieu, et ils sont gratuitement justifiés par sa grâce en Jésus-Christ ». Tous ont péché, mais tous sont aimés de Dieu.

Jésus ajoute à son appel général à la repentance une parabole qui fait ressortir la patience de Dieu et son désir de voir son peuple revenir à Lui et porter les fruits de la justice. Le figuier représente certainement le peuple d'Israël, mais on peut aussi y voir une image de l'humanité. Dieu ne se résout pas à couper, trancher, juger. Il fait preuve de patience et de compassion. Comme le disait un ancien prophète ; « ce que je désire, dit le Seigneur, ce n'est pas la mort du coupable, mais c'est qu'il change de direction, qu'il se convertisse et qu'il vive ! ». Nos préjugés, nos théories préétablies sont souvent contraires à la pensée de Dieu, comme c'était le cas pour ces hommes du temps de Jésus. Puisse le Seigneur transformer notre intelligence pour nous permettre d'entrer dans la pensée qui est la sienne. A quiconque reconnaît sa faute et s'approche de Lui dans l'humilité, il accorde sa grâce et lui donne de porter de bons fruits à sa gloire. Voilà la bonne nouvelle que nous avons le privilège de porter.

Luc 17 : 1 à 6

Scandales, pardon, foi

On ne peut pas reprocher à Jésus de ne pas être quelqu'un de réaliste ! Il connaît la situation du monde, et il connaît la condition humaine, deux réalités qui n'ont pas fondamentalement changé depuis son époque.

D'où sa ferme mise en garde : c'est vrai, les scandales au sein de l'humanité sont inévitables, mais puisqu'il en est ainsi, ne soyez pas les personnes par lesquelles les scandales arrivent. Votre situation serait pire que celle d'un condamné à mort. Alors : attention, vigilance, maîtrise de soi s'imposent. L'avertissement de Jésus nous atteint aujourd'hui encore, tout particulièrement envers les plus faibles, les plus vulnérables. Que je ne sois pas une occasion de scandale, une pierre sur le chemin qui fait tomber le plus petit.

L'autre avertissement de Jésus nous invite au pardon. Là encore, pas de relations humaines, ou mêmes fraternelles, sans accrocs, sans désaccords, sans conflits. Au sein de ces difficultés relationnelles, la disposition qui s'impose au disciple du Christ est le pardon. Pas de rétorsion, pas de vengeance, pas d'offense rendue pour l'offense, pas de mal rendu pour le mal. Il faut couper court au conflit par le pardon. Exigence supplémentaire : Jésus évoque un pardon illimité, car c'est bien le sens du chiffre de l'absolu, le chiffre 7. Cette disposition au pardon sans limite ne peut finalement être le fait que des hommes et des femmes qui ont eux-mêmes fait l'expérience personnelle du pardon de Dieu à leur égard. Pardon par Jésus-Christ, le Sauveur.

Cette propension au pardon se révèle ainsi être une marque de foi, de confiance en Dieu. Et Jésus semble indiquer dans cette parole que cette foi, on l'a ou on ne l'a pas. Ce n'est pas une question de quantité de foi, mais simplement de présence ou d'absence de cette foi dans le cœur. Si la foi se trouve en moi, elle rend l'impossible possible par la puissance du Christ !

Seigneur, je ne te demande pas d'augmenter ma foi, mais de me donner un tout petit grain de foi qui peut changer la vie et le monde.

Luc 17 : 7 à 10

Chacun à sa place

Cette courte parabole s'enracine complètement dans la réalité économique et sociale de l'époque de Jésus. Pour nos oreilles modernes, il est choquant, voire scandaleux, d'entendre un maître exiger d'être servi et nourri avant son esclave qui revient des champs après avoir exécuté des travaux sinon harassants, tout au moins fatigants. Mais si les choses ont bien changé sur le plan socio-économique depuis ce temps-là, la leçon que donne Jésus reste pertinente aujourd'hui encore, à savoir : à chacun sa place ; à chacun son rang ; ne renversons pas les rôles !

Jésus s'adresse à ses disciples, l'équipe des douze qu'il a appelés auprès de lui et envoyés en mission avec la puissance du Saint Esprit. Ils doivent bien comprendre que leur responsabilité ne doit pas les conduire à des prétentions excessives les conduisant à vouloir prendre une place qui n'est pas la leur, à savoir celle du maître. Leur travail, aussi exigeant soit-il, ne peut en aucun cas les pousser à envisager d'être servis. Ils sont et doivent rester des serviteurs « quelconques » (le grec dit inutiles, sans valeur).

Il n'y a pas lieu à une quelconque reconnaissance, ou à une faveur particulière pour celui ou celle qui ne fait que son devoir à l'appel du maître. Bien évidemment, les serviteurs peuvent légitimement se réjouir de leurs succès, mais à aucun moment tomber dans un orgueil déplacé. La joie, la récompense se situe dans le service même, car c'est le service du Maître par excellence, et c'est un honneur de pouvoir participer à ce ministère. Ce qui importe le plus, c'est l'œuvre à laquelle nous travaillons, avant notre satisfaction personnelle. Perspective peu moderne vous en conviendrez !

Ceux qui accomplissent leur devoir en conscience et avec abnégation sont invités à l'humilité. Ce n'est pas le maître qui les traite de serviteurs inutiles, c'est eux-mêmes qui doivent se considérer comme tels. Une manière de prendre un peu de recul par rapport à nos petites personnes. Restons à notre pace. Dieu est dieu, LE maître. Nous sommes fondamentalement des serviteurs et des servantes. C'est notre vocation et notre honneur.

Luc 17 : 11 à 19

Un sur dix

Elle est bien curieuse cette histoire de lépreux guéris. Est-ce bien Jésus qui les a guéris ? La lecture du récit ne nous montre aucune parole prononcée, aucun geste réalisé par le Seigneur dans le but d'opérer la guérison de ces 10 malheureux frappés par la lèpre, cette maladie déshonorante et désocialisante.

Certes la supplication des 10 s'adresse bien personnellement à Jésus « Jésus, maître, aie pitié de nous ». Mais Jésus, après les avoir VUS, se contente de les envoyer vers les sacrificateurs sans évoquer à aucun moment une quelconque guérison. Ce n'est qu'en chemin que les 10 lépreux constatent avec surprise et émerveillement qu'ils sont guéris. On ne saurait imaginer récit plus elliptique même si nous lisons l'intention de Jésus entre les lignes!

Et finalement, c'est un des dix, un étranger, un samaritain (les samaritains étaient les pires ennemis de juifs à l'époque) qui va nous dire que c'est bien Jésus qui est l'auteur de cette guérison miraculeuse. Se rendant compte qu'il est guéri, il revient sur ses pas et se prosterne aux pieds de Jésus pour le remercier. Il a bien compris que c'est la puissance du Seigneur, certes discrète mais réellement efficace, qui l'a purifié de sa lèpre. Jésus s'étonne de l'absence des 9 autres lépreux guéris et de leur ingratitude, par opposition avec la reconnaissance manifestée par ce samaritain, cet étranger pour lequel il prononce une parole allant bien au-delà de la guérison physique pour exprimer le salut reçu par cet homme. Sa gratitude l'a fait passer de la guérison au salut.

Ce récit nous invite à nous poser la question : peut-on dissocier le don reçu du donateur qui l'a accordé, et qu'est-ce qui est prioritaire : le don ou le donateur ? Les 10 lépreux ont reçu en cadeau la guérison. L'immense majorité, 9 sur 10, s'est contentée de ce don, et de leur satisfaction personnelle. Seul le samaritain a dépassé ce stade du contentement personnel pour venir remercier le donateur, Jésus. Sa reconnaissance montre l'importance qu'il accorde à CELUI qui l'a guéri, et c'est ce qui l'a sauvé.

Oui, la reconnaissance fait partie de la foi. Sachons la manifester chaque jour envers Dieu pour son amour, source de notre salut.

Luc 17 : 20-25

Amateur de spectaculaire, s'abstenir!

Tout être humain est un peu voyeur et l'œil ne se lasse pas de voir comme disait un vieux sage. Ceci explique le succès de la télévision, du cinéma et de la « vidéo » en général.

Les personnes qui questionnent Jésus sont impatientes de VOIR la réalisation de leur espérance, à savoir « le royaume de Dieu », c'est-à-dire l'instauration définitive du pouvoir royal de Dieu sur la terre. On peut appeler aussi cela « la fin de ce monde », ce qui laisse place à toutes les spéculations possibles et imaginables sur le moment de sa venue. Nul besoin de souligner l'actualité de ce thème en cette année 2012.

Jésus ne répond pas directement à la question qui lui est posée. Il ne remet pas en cause l'espérance exprimée, mais il la présente sous un autre angle. Il ne dit pas QUAND la chose va arriver, mais COMMENT elle se manifeste dès à présent. Le règne de Dieu n'est pas un spectacle, un « show » comme on dit. Il est discret, à la limite invisible parce qu'il est spirituel, même s'il a des implications concrètes. Il est au milieu de vous, ou à l'intérieur de vous affirme Jésus. Affirmation voilée de la présence du règne de Dieu au milieu du peuple juif par la présence même en son temps de Jésus, le Fils de Dieu et simultanément à l'intérieur de quiconque croit de cœur que Jésus est le Messie-sauveur et désire faire de lui le roi, le souverain de son existence.
Assurément, la venue du jour du Fils de l'homme n'interviendra pas au moment où on l'attend. Il viendra par surprise, « comme un voleur dans la nuit » dit un autre passage de l'évangile. Et il s'imposera comme une

évidence à toute l'humanité sans distinction. Tout œil le verra ; pas besoin de se déplacer, de se rendre à un endroit précis pour le rencontrer. De manière surnaturelle, tout être humain sera témoin de la venue du Fils de l'Homme.

La question est : qui est ce Fils de l'homme ? Le complément d'information que donne le Seigneur apporte la réponse. Puisqu'il faut que le Fils de l'Homme souffre beaucoup et soit rejeté par cette génération, on voit bien que jésus se désigne lui-même par cette expression énigmatique.

Oui, l'espérance sera un jour réalisée. Le règne, pour l'instant caché, du Christ sera révélé avec gloire au monde entier. Il importe donc d'être prêts pour cette venue, d'être vigilants, « veillant et priant ». Cette espérance ne peut être vécue que liée intimement à la foi et à l'amour. Telle est notre assurance.

Luc 17 : 26 à 37

L'eau et le feu

Entre passé et avenir, les évènements mentionnés par Jésus n'ont rien de réjouissant, faisant référence à de lourdes catastrophes. Aux jours de Noé, l'eau du déluge ravagea la terre et fit mourir toute l'humanité, hormis le patriarche et sa famille. Au temps de Loth, c'est le feu qui tomba du ciel pour détruire la ville de Sodome et tous ses habitants à cause de leur péché.

Ce que veut faire ressortir Jésus de ces deux rappels historiques, ce n'est pas tant leur aspect dramatique que l'effet de surprise qui a joué dans l'un et l'autre cas. La vie se déroulait paisiblement, sans crainte, avec ses projets d'avenir (mariage, plantation, construction …), dans une insouciance qui fut brutalement interrompue.

Jésus affirme à l'appui de ces deux références historiques que l'avènement du Fils de l'homme se produira avec le même effet de surprise et que rien ne le laissera prévoir. Le jour J de cette manifestation prendra tout le monde de court et aura le même effet radical que le déluge et la destruction de Sodome, préludant à l'instauration d'un autre monde, complètement nouveau.

L'imprévisibilité de ce jour n'empêche pas Jésus de donner quelques conseils basiques pour cet évènement à venir : ne pas se retourner, ne pas se charger, ne pas chercher à sauver autre chose que sa vie. Il y a cependant dans ce passage apparemment si sombre avec son atmosphère d'apocalypse un élément positif essentiel. Le sens de l'avertissement est le suivant : celui ou celle qui cherchera à se sauver par ses propres moyens sera perdu, tandis que celui ou celle qui s'abandonnera entre les mains du Dieu puissant la sauvera. Et dans ce jour décisif, un tri radical et irréversible sera opéré entre personnes partageant la proximité, voire l'intimité humaine la plus grande. De quoi faire réfléchir et se tourner vers Dieu, n'est-ce pas ?

Ce passage difficile à entendre de l'évangile nous rappelle que notre monde est mortel et qu'il aura une fin. Mais la fin du monde avec son caractère terrible correspond aussi avec la révélation du Fils de l'Homme. Tout n'est pas négatif, inquiétant, déprimant. Jésus invite à la confiance et à la foi, les seules choses qui peuvent nous introduire dans le monde nouveau où la paix et la justice habiteront.

<u>Luc 18 : 1 à 8</u>

Le pot de terre contre le pot de fer

L'histoire racontée par Jésus s'apparente d'assez près à la fable bien connue du « pot de terre contre le pot de fer », autrement dit à la faiblesse qui finit par triompher, contre toute attente, de la force.

Quoi de plus faible en effet que cette femme veuve, seule et sans appui pour l'aider à obtenir gain de cause ?

Quoi de plus fort que ce juge confortablement installé, ne s'embarrassant d'aucun préjugé, ne connaissant « ni Dieu ni maître » et qui n'en fait qu'à sa volonté ?

Sans parler du statut social qui oppose les deux protagonistes, quoi de plus disproportionné dans cette opposition ?

La veuve demande justice par rapport à son adversaire. Le juge refuse de lui rendre ce qui lui est dû. La cause semble entendue et définitivement scellée. Et pourtant, l'issue de ce duel, de ce bras de fer inégal à la David et Goliath ne va pas être ce qu'elle paraît programmée à être. C'est finalement la veuve qui va obtenir ce qu'elle cherche à obtenir. A force de relances incessantes, d'opiniâtreté, de courage et de persévérance, elle va venir à bout de l'inertie délibérée du juge. Celui-ci va finir par céder face aux rappels constamment renouvelés de la veuve. Le souci de sa tranquillité va le conduire à capituler, lui le fort, devant la faible femme sans soutien, et le conduire à lui donner satisfaction.

Il y a quelque chose de réconfortant dans cette parabole, j'allais dire de moral ; la victoire n'est pas automatiquement pour le riche et le puissant, mais elle peut revenir au pauvre et au faible. Encore faut-il savoir faire preuve de la même pugnacité, de la même force de caractère que cette femme.

La question que Jésus pose à la fin met en relation la foi et la persévérance et la ténacité. La foi requiert aussi force de caractère pour se révéler victorieuse. A l'inverse du juge de la parabole, Dieu est juste et il répond sans tarder à la demande de ses enfants. Cela ne doit pas nous empêcher de faire preuve de courage et de savoir prier sans nous lasser.

Jean 6 : 69

A qui irions-nous ?

« Seigneur, à qui irions-nous ? Tu as les paroles de la vie éternelle ».

L'être humain est un être paradoxal : tout entier limité, à la fois dans le temps et dans l'espace, il aspire sans cesse à s'affranchir de ces limites. Sa constitution lui en donne d'ailleurs la possibilité : si son corps ne peut être localisé à plusieurs endroits au même moment, et s'il ne peut survivre ici-bas au-delà de sept ou huit, voire neuf ou dix décennies, son esprit, libre par nature, lui permet de dominer l'espace et le temps en se projetant dans des lieux ou des époques qui ne sont pas les siens.

L'Ecclésiaste constatait cette capacité de l'homme à dépasser ses limites physiques en affirmant que le créateur avait mis dans le cœur de l'homme *la pensée de l'éternité*. L'homme qui ne vit que quelques dizaines d'années sur terre peut penser à l'éternité !

Mais la vie éternelle, ce n'est pas seulement une question de quantité de temps, c'est aussi une question de qualité d'être ; c'est l'existence sans fin dans la présence de Dieu, dans une relation apaisée, une relation d'amour.

Les disciples ont discerné que les paroles de Jésus étaient véritablement *esprit et vie* et qu'elles étaient propres à les introduire dans cette dimension à la fois temporelle et spirituelle de l'éternité. Après l'avoir écouté attentivement, ils sont convaincus. Ils ne veulent pas écouter un autre maître ; ils ne veulent pas se retirer loin de lui. Cet attachement aux paroles de Jésus traduit leur attachement à sa personne. Il dit la vérité parce qu'il EST la vérité.

Il y a dans l'exemple des disciples une invitation pour moi à lire les paroles de Jésus rapportées dans les évangiles, à les connaître, à les étudier, les méditer pour m'en imprégner afin que je puisse m'attacher à sa personne, pour être conduit, au-delà de mon existence terrestre, dans l'éternité de la présence de Dieu.

Jean 10 : 18

Jésus dit : « Personne ne me prend la vie»

A la question « qui a tué Jésus ? », on a apporté des réponses diverses et contradictoires : pour les uns, les Juifs, pour les autres, les Romains, pour d'autres encore, l'humanité entière concentrée dans les différents protagonistes de la fin de la vie terrestre de Jésus, avant qu'il ne revienne à la vie. Si cette dernière réponse est sans doute la plus satisfaisante, il ne faut jamais oublier que personne n'aurait jamais pu porter la main sur Jésus pour le mettre à mort si lui-même ne s'était offert délibérément afin de payer le prix de notre pardon sur la croix. Un sacrifice volontaire, voilà ce qu'est la mort de Jésus. Certes, ce sacrifice accomplit la volonté de Dieu le Père selon le principe intangible : *« si le sang n'est pas répandu, il n'y a pas de pardon »*.

Mais ce n'est pas le Père qui a exigé le don de la vie de son fils bien-aimé. Celui-ci s'est livré de lui-même, il s'est livré de sa propre volonté pour accomplir pleinement tout ce qui était nécessaire pour que les hommes puissent retrouver la paix avec Dieu. Et le seul motif de Jésus a été celui de l'amour. Il s'est donné car il nous a aimés, et il nous aime encore aujourd'hui.

A tous les êtres humains, la mort est imposée comme une conséquence de la faiblesse et la fragilité de la nature humaine marquée par la révolte contre Dieu. Jésus, qui ne devait pas connaître la mort puisqu'il fait toujours ce qui est agréable à Dieu, a choisi la mort pour que nous ayons la vie.

Quelle réponse apporter à la preuve suprême d'amour que jésus nous a témoignée ? Tout simplement croire en lui et vivre une vie qui lui fasse honneur, dans la vérité et dans l'amour.

Jean 15 : 1 à 8

Le cep et les sarments

Dans ses paraboles, Jésus a souvent utilisé l'image de la vigne, suivant ainsi l'exemple des prophètes d'Israël qui ont, à maintes reprises, représenté le peuple comme « la vigne du Seigneur ».

C'est l'ensemble du peuple de Dieu, l'ancien et le nouveau, qui est visé par cette allégorie, et le message central est clair : de même que la fonction de la vigne est de produire des raisins, l'intention de Dieu est que son peuple porte du fruit.

Mais de quel fruit parle Jésus ? En leur temps, les prophètes visaient la justice et la droiture, en conformité avec la Loi donnée par Dieu à Moïse. Dans le Nouveau Testament, le fruit que doivent porter les chrétiens est celui du Saint Esprit, qui consiste à ressembler au Christ. L'apôtre Paul le détaille en énumérant les différents grains de la grappe de raisin : amour, joie, paix, patience, bonté, bienveillance, fidélité, douceur, maîtrise de soi. Telle est la vocation chrétienne : porter un tel fruit par la grâce du saint Esprit.

Comment peut-on porter du fruit ? Jésus révèle deux secrets dans son enseignement :

Le premier secret se trouve dans la taille de la vigne, « l'émondage ». Dieu est un vigneron compétent et persévérant ; il taille chaque sarment pour qu'il porte encore plus de fruit. La sève, l'énergie du pied de vigne ne doit pas se perdre en de multiples pousses, mais être canalisée pour donner sa plénitude dans un nombre peut être moins nombreux de sarments, mais plus fructueux. Cette taille s'apparente dans nos vies à une sorte de purification opérée par Dieu, pour nous ramener sans cesse à ce qui est essentiel, important, sans nous perdre dans l'accessoire et le futile. Opération souvent douloureuse, mais toujours féconde !

Le deuxième secret pour porter du fruit réside dans le fait de demeurer attaché au cep. Etre chrétien, c'est être « en Christ », uni, à Lui par la foi. Demeurer en Christ, c'est donc maintenir et développer une relation déjà existante depuis notre entrée dans la foi. Relation réciproque puisque Jésus également demeure en nous. Pas de fruit possible sans ce lien vital, permanent entre Christ et nous. « *En dehors de moi vous ne pouvez rien faire* » ira jusqu'à dire le Seigneur. Et pour que le Christ demeure en nous, il faut le laisser faire, lui permettre d'être de plus en plus ce qu'Il est, c'est-à-dire notre Seigneur et notre source de vie !

Jean 15 : 9 à 17

« Vous êtes mes amis ! »

L'amour peut-il se commander ? La mentalité moderne serait certainement prompte à répondre non à cette question, qui lui paraîtrait sûrement incongrue ! Car la conception courante que nous avons de l'amour, c'est qu'il est un sentiment spontané, qui jaillit « par hasard » du cœur, voire qui nous tombe dessus sans qu'on l'ait recherché.

« Ce que je vous commande, c'est de vous aimer les uns les autres », dit Jésus. L'amour réciproque, le souci du prochain, le service de l'autre est quelque chose qui peut être demandé, même exigé par le Seigneur pour accomplir sa volonté. On est loin, en cela, de l'amour sentiment, uniquement subjectif et souvent égocentrique de notre civilisation contemporaine. L'amour mutuel se donne gratuitement, n'attend pas forcément de réponse et se prolonge au-delà des inévitables aléas et déceptions de la vie.

A l'image de l'amour de Dieu pour l'être humain, qui est un amour total et permanent, unissant le Père et le Fils dans une relation de parfaite unité et harmonie. La parole de Jésus nous invite à entrer dans Son amour, pour pouvoir le vivre et l'exprimer à ceux qui sont autour de nous. *« La chose la plus importante de toutes, c'est l'amour »*, dira l'apôtre Paul.

Cette réalité de l'amour de Jésus pour les siens trouve son expression dans la relation qu'il noue concrètement avec eux : *« Je ne vous appelle plus serviteurs, mais je vous appelle amis »*. Amis de Jésus, voilà le statut des disciples. Plus question de hiérarchie, Jésus se met sur le même plan qu'eux. Plus question d'autoritarisme, Jésus partage sa volonté avec eux en les invitant à le suivre. Plus question de secret, Jésus révèle aux siens tout ce qui lui a été révélé par son Père. Il ne leur cache rien, Il leur dit tout sans rien garder égoïstement pour lui-même. Partage complet, confiance entière, communion parfaite !

On peut comprendre cette amitié entre Jésus et ses disciples d'un point de vue humain, favorisée par le compagnonnage, la vie commune qui est celle du groupe. Mais Jésus n'est pas seulement un homme au milieu d'autres hommes, il est le Fils de Dieu, Dieu lui-même venu parmi les hommes dans un corps humain. Ainsi, les paroles de Jésus font des disciples les amis de Dieu, un peu à l'image du patriarche Abraham qui était appelé « ami de Dieu » parce qu'il marchait dans l'obéissance à Dieu. Par la foi que nous plaçons en Jésus, et par la pratique des œuvres qu'Il nous indique, nous sommes amis de Dieu. Quelle surprise ! Quelle valorisation ! Quel privilège !

Et ce lien particulier conduit à un sentiment profond, la joie, dont la source se trouve dans la communion avec Dieu. La joie de Jésus présente dans le cœur des disciples. « *Je vous ai dit ces choses pour que votre joie soit parfaite !* **».** **Seigneur, donne-nous ta joie, ta joie parfaite, celle qui est vraie et qui demeure ! ».**

Jean 15 : 15

Vous êtes mes amis

L'amitié ne s'explique pas, elle se constate et elle se vit tout simplement.

Evoquant ce type de relation qu'il connaissait avec M. de la Boétie, l'humaniste Montaigne le justifiait par ces mots : « *parce que c'était lui, parce que c'était moi* ». Il y a une sorte d'évidence dans ce sentiment, qui ne peut ni se commander, ni s'acheter parce qu'il est basé sur une alchimie inexplicable entre deux personnalités.

Un grand personnage biblique, le patriarche Abraham, fut appelé « ami de Dieu ». Il le fut parce qu'il crut en Dieu, acceptant de quitter son pays et sa famille sur son ordre, pour aller vers une destination qui lui était inconnue. Dieu honora sa confiance et l'appela son ami.

Jésus, de même, n'hésite pas à appeler ses disciples ses amis, décrivant par là la communion qu'il veut instaurer avec eux. Entre amis, il n'existe pas de hiérarchie ; on se situe sur le même plan, dans une égalité qui abolit toute distance humaine. L'amitié, dont on trouve une magnifique illustration biblique dans la relation entre le roi David et Jonathan, implique le dialogue, la communication personnelle, le partage et la complicité. Les amis sont ceux qui se soutiennent mutuellement dans l'épreuve, qui s'entraident. Il y a également dans l'amitié toute la dimension de la fidélité, de la loyauté, de même que la vérité et la confiance mutuelle.

Voilà ce que Jésus veut vivre avec tous ceux et celles qui croient en lui et qui ont à cœur de mettre en pratique sa parole.

Jésus est celui qui a poussé son amour jusqu'à donner sa vie pour ses amis. C'est bien ainsi que je désire le connaître.

Jean 15 : 26-27 et 16 : 12-15

La venue du Consolateur

« Partir, c'est mourir un peu ! » dit l'adage populaire. Jésus est sur le départ, il va arriver au terme de sa mission en donnant sa vie sur la croix, avant de ressusciter le 3ème jour Le temps de l'aventure des disciples arrive à sa fin, après environ trois années de partage communautaire exaltant. Pourtant, les paroles de Jésus sont chargées non pas de tristesse ou de regrets, mais de promesse et d'espérance. Jésus promet à ses bien-aimés rien de moins que la venue de l'Esprit saint.

En évoquant cela, on ne peut qu'être saisis par la sollicitude du Seigneur envers les siens. Ce qu'Il veut avant tout, c'est les rassurer en leur affirmant que malgré tout, il ne sera jamais complètement absent à l'avenir. Jésus a le souci de ceux qu'Il va quitter, et son souci est éminemment pastoral. Oui, il est vraiment le bon berger de ceux qui le suivent par la foi. « N'ayez pas peur, ne craignez pas ! » ne cesse-t-il de répéter.

Pour que ses paroles soient le plus rassurantes possible, Jésus met en avant la profonde unité qui existe entre Lui et l'Esprit saint : « *Je vous l'enverrai de la part du Père ; il rendra témoignage de moi ; il me glorifiera ; il prendra de ce qui est à moi et vous l'annoncera* ». C'est comme si Jésus promettait à ses disciples d'être toujours présent au milieu d'eux en la personne du saint Esprit. C'est ce que les douze avaient besoin d'entendre, eux qui qui n'envisageaient qu'à contrecœur d'être séparés de Celui qui les enseignait et les guidait depuis tant de mois. « Seigneur, reste avec nous ; Seigneur, ne part pas ! », voilà sans doute leur prière. Mais le plan de Dieu était tout autre, et Jésus leur promet qu'ils ne perdront pas au change en recevant le saint Esprit dans leur cœur. Cette promesse se réalisera le jour de la Pentecôte.

Le message de Jésus, tout en étant plein d'amour et de tendresse pour les siens, ne laisse pourtant pas d'être paradoxal. « Je serai encore PLUS présent spirituellement parmi vous que je ne le suis maintenant physiquement ». A partir de la Pentecôte, Jésus sera présent dans le cœur des disciples par le saint Esprit. Après avoir été AVEC eux corporellement, il va être présent EN eux, spirituellement. Et le lien sera encore plus étroit, plus personnel, plus intime. Cette présence du Seigneur en eux leur permettra d'être des témoins du Christ crucifié et ressuscité pleins d'assurance, de hardiesse, de puissance et de persévérance.

Quiconque se confie aujourd'hui encore en Jésus par la foi se trouve au bénéfice de cette action intérieure du saint Esprit, le paraclet, le consolateur, l'assistant fidèle et aimant. Laissons l'Esprit saint glorifier le Christ en nous et au travers de nous !

Jean 17 : 11 b à 19

La prière de Jésus pour les siens.

Bien que Jésus approche du moment de ses souffrances et de sa mort, il n'est pas obsédé par son sort personnel. Il pense à ses disciples qui vont poursuivre l'œuvre qu'Il a commencée lui-même et que ces derniers sont appelés à prolonger par l'évangélisation. Jésus PRIE pour ses disciples, et même pour nous puisqu'Il évoque ceux et celles qui croiront par le moyen de leur parole. Que demande le Seigneur pour eux ?

La première chose que Jésus demande, c'est l'UNITE : « *qu'ils soient un* ». A l'image de l'unité du Père et du Fils. Une unité profonde, essentielle qui est rendue possible par l'action du saint Esprit. Je ne pense pas que Jésus parle d'unité structurelle entre les diverses Eglises, ou alors sa prière ne serait pas exaucée ! Il a plutôt à l'esprit l'unité individuelle entre chrétiens, qui les lie en profondeur quelle que soit leur confession, quand ils se savent sauvés par le Christ et qu'ils se reconnaissent comme frères et sœurs dans leur foi commune. Nul doute que cette prière est exaucée !

Jésus évoque également dans sa prière la JOIE : « *qu'ils aient en eux ma joie parfaite* ».Le Seigneur ne veut pas de témoins tristes, moroses. La joie en elle-même est déjà un témoignage dans un monde qui connaît surtout l'inquiétude de la crise. Cet élément de la prière nous interpelle : moi qui me dis chrétien, est-ce que je connais et répand autour de moi la joie du Christ ? Nous avons sans doute beaucoup à faire pour être renouvelés dans le vécu de cet aspect du fruit de l'Esprit saint !

Jésus met en relation la mission des disciples et la PAROLE qu'Il leur a confiée, et qu'ils sont chargés de répandre. C'est le cœur de leur vocation : annoncer la bonne nouvelle, l'évangile du salut par la foi en Jésus Christ. Sans doute le « monde » dans sa grande majorité, ne recevra pas cette parole et repoussera, parfois violemment, ses porte-parole. Peu importe. Ceux qui ont soif de Dieu, même en minorité, recevront la parole et verront leur vie transformée.

Enfin, Jésus met en garde contre la tentation de se retirer du monde, de vivre en vase clos uniquement entre croyants partageant la même foi. *« Je ne te prie pas de les ôter du monde, mais de les préserver du malin »*. Le sel doit être dans la soupe ; la lumière doit éclairer l'obscurité. La Parole est pour le monde car elle est la vérité. Ne passons pas à côté de la volonté du Seigneur !

Romains 8 : 34

Jésus est à la droite de Dieu et il prie pour nous

Quand on pense à Jésus à partir du récit des évangiles, on l'imagine spontanément dans son activité d'enseignant ; ou comme celui qui avait la capacité de faire des miracles étonnants ; ou bien encore comme celui qui a souffert avant de mourir sur la croix et de se manifester à ses disciples après sa résurrection. Plus rarement nous vient à l'esprit l'image de Jésus homme de prière. Pourtant, Jésus fut un homme de prière, dialoguant quotidiennement avec son Père céleste pour être ressourcé dans ses forces spirituelles, et renouvelé dans la vision de sa mission au milieu des hommes. Les évangélistes nous présentent Jésus, levé tôt le matin et couché tard le soir, passant du temps dans le face à face avec Dieu. L'apôtre Jean nous rapporte la plus longue prière que Jésus ait prononcée en présence des siens au sujet de lui-même, de ses disciples qu'il allait bientôt quitter, et de tous ceux qui étaient appelés à devenir chrétiens par le témoignage des apôtres. A Gethsémané, quelques heures avant de mourir, Jésus livre un combat spirituel intense dans la prière et, sur la croix, avant de rendre l'esprit, il parle encore à son Père.

Mais une fois son œuvre de salut sur terre complètement achevée, et alors qu'il a retrouvé sa place de Fils de Dieu à la droite du Père, Jésus continue à prier ! Il prie pour tous ceux et toutes celles qui ont cru en Lui et qui doivent persévérer dans cette confiance malgré les épreuves, les doutes, les attaques de l'adversaire et les oppositions humaines. Il prie pour son Eglise, afin qu'elle demeure fidèle à sa vocation de sel de la terre et de lumière du monde. Il prie pour vous, il prie pour moi.

N'oublions jamais cela, et que nos forces spirituelles soient affermies par cette assurance.

Hébreux 4 : 15

Tenté comme nous

« Jésus a été tenté en tout comme nous le sommes, mais il n'a pas commis de péché »

L'un des épisodes les plus curieux et les plus difficiles à se représenter dans la vie de Jésus est sans conteste celui de la tentation. Au début de son ministère, Jésus passe quarante jours et quarante nuits dans le désert où il est mis en présence de son adversaire, le diable. C'est la seule occasion où il nous est donné d'assister à un face à face direct entre Jésus et Satan. Là, ce dernier cherche à détourner Jésus de sa mission, à le faire changer de camp, c'est-à-dire passer de l'obéissance à Dieu à la soumission à l'ennemi. A trois reprises, Jésus va contrer les attaques du Malin, appuyé avec force sur la Parole de Dieu. Pourquoi Jésus a-t-il dû affronter cette terrible épreuve ?

L'une des raisons semble être qu'il est naturel pour tout homme d'être tenté ; et Jésus a été pleinement homme. Nous avons constamment à choisir dans notre vie entre le bien et le mal, et être tentés, c'est subir l'influence directe ou indirecte de l'ennemi pour nous détourner du bien, de l'obéissance à la volonté de Dieu.

Une autre raison semble en rapport avec le récit que nous pouvons lire dans le chapitre trois du livre de la Genèse. Adam et Eve, tentés par le serpent porteur des paroles de l'adversaire de Dieu, n'ont pas résisté et se sont laissés entraîner dans une voie contraire à celle que le créateur leur avait indiquée. Jésus, nouvel Adam, par sa victoire sur le tentateur, vient démontrer que la désobéissance à la volonté de Dieu n'est pas une fatalité, ni quelque chose à laquelle l'homme serait irrésistiblement condamné. La résistance à la tentation ne se situe pas hors de portée de l'être humain.

La victoire est possible. Jésus l'a remportée, et si je suis uni à lui par la foi, il me fait bénéficier de cette victoire que me communique son esprit. Pour une bonne nouvelle, c'est une bonne nouvelle !

Psaume 94 : 12

Heureux l'homme que tu corriges, ô Eternel

Cette parole du psalmiste se présente comme une béatitude de l'ancien testament, avec un verbe très suggestif dans cette traduction, celui de « corriger ». Je voudrais relever trois utilisations de ce verbe dans notre langage.

- Corriger un devoir : c'est-à-dire en relever les fautes, les rectifier
- Corriger un enfant : le punir à cause de telle ou telle désobéissance
- Corriger une trajectoire : particulièrement dans le cas d'une fusée que l'on remet dans la bonne direction, sur l'orbite idéale.

On retrouve cette variété et cette richesse de sens du verbe corriger dans le domaine spirituel.

1. Notre devoir est constitué par notre vie, que Dieu, le souverain maître doit corriger comme un professeur corrige la copie de son élève. Il doit en relever les fautes pour rétablir la vérité, aussi bien sur le plan de l'orthographe, de la syntaxe que sur celui de la justesse des idées. Plutôt que LES fautes, c'est LA faute qui entache tout notre devoir ; le péché qui est collé à nous et que Dieu doit déceler et redresser. Il lui appartient de nous révéler notre faute, de la corriger lui-même et de nous aider à ne pas la renouveler. C'est ce qu'Il fait en Jésus-Christ, le sauveur.

2. Dieu, comme Père, est souvent obligé de nous châtier de notre désobéissance, car il est juste et nous sommes par nature des enfants

désobéissants. Mais ce qui est la bonne nouvelle, c'est qu'Il a offert son propre fils, Jésus-Christ pour être châtié à notre place, une fois pour toutes en faveur de ceux et celles qui croient en Lui. La correction, à l'ancienne « coup de règle sur les doigts », constitue toujours quelque chose de difficile à accepter. La seule chose qui nous permette de pouvoir l'accepter, c'est de savoir que c'est Dieu qui nous corrige et qu'Il le fait avec tendresse, toujours pour notre bien, car Il nous aime. Comme dit le proverbe : « Qui aime bien, châtie bien ».

3. La bonne direction de notre vie n'est autre que l'orientation vers Dieu notre Créateur. Mais l'être humain ressemble à une fusée qui a perdu son orbite idéale, qui va à la dérive et risque de manquer son but (c'est bien là l'un des sens du mot « péché »). Dieu en Jésus-Christ, corrige notre direction, nous remet dans le droit chemin, celui de la communion avec Lui et de la vie éternelle. Au moment où sont écrites ces lignes, la navette spatiale américaine est en vol dans l'espace, avec tout le cortège de « corrections » qui doivent lui être administrées pour qu'elle reste bien dans l'orbite orthodoxe et accomplisse ainsi sa mission avec succès.

Puisse notre relation à Dieu ressembler à une navette, allant et venant de notre réalité terrestre aux réalités célestes, spirituelles, avec les corrections indispensables à effectuer, moderne échelle de Jacob.

Oui, je veux morebooks!

i want morebooks!

Buy your books fast and straightforward online - at one of world's fastest growing online book stores! Environmentally sound due to Print-on-Demand technologies.

Buy your books online at
www.get-morebooks.com

Achetez vos livres en ligne, vite et bien, sur l'une des librairies en ligne les plus performantes au monde!
En protégeant nos ressources et notre environnement grâce à l'impression à la demande.

La librairie en ligne pour acheter plus vite
www.morebooks.fr

 VDM Verlagsservicegesellschaft mbH
Heinrich-Böcking-Str. 6-8   Telefon: +49 681 3720 174   info@vdm-vsg.de
D - 66121 Saarbrücken   Telefax: +49 681 3720 1749   www.vdm-vsg.de

www.ingramcontent.com/pod-product-compliance
Lightning Source LLC
Chambersburg PA
CBHW020808160426

43192CB00006B/486